本书的主要内容来自作者主持的国家社科基金青年项目"'乡—城'移民视野下新生代农民工城市融入的社区支持研究"（项目编号12CGL095）

本书获杭州市哲学社会科学重点研究基地"中共杭州市委党校社会治理与地方政府创新研究中心"的出版经费资助（项目编号2019JD43）

Xiang-Cheng Qianyi Shiye Xia Nongmingong Chengshi Rongru De
Daiji Chayi Yu Shequ Zhichi

"乡—城"迁移视野下农民工城市融入的代际差异与社区支持

郎晓波 / 著

ZHEJIANG UNIVERSITY PRESS
浙江大学出版社

图书在版编目(CIP)数据

"乡—城"迁移视野下农民工城市融入的代际差异与社区支持 / 郎晓波著. -- 杭州:浙江大学出版社,2019.6

ISBN 978-7-308-19233-0

Ⅰ.①乡… Ⅱ.①郎… Ⅲ.①民工—城市化—研究—中国 Ⅳ.①D422.64

中国版本图书馆 CIP 数据核字(2019)第 121924 号

"乡—城"迁移视野下农民工城市融入的代际差异与社区支持
郎晓波 著

责任编辑	丁沛岚
策划编辑	陈思佳
责任校对	陈 翩
封面设计	春天书装
出版发行	浙江大学出版社
	(杭州天目山路 148 号 邮政编码 310007)
	(网址:http://www.zjupress.com)
排 版	杭州隆盛图文制作有限公司
印 刷	虎彩印艺股份有限公司
开 本	710mm×1000mm 1/16
印 张	12.75
字 数	222 千
版 印 次	2019 年 6 月第 1 版 2019 年 6 月第 1 次印刷
书 号	ISBN 978-7-308-19233-0
定 价	52.00 元

目 录
CONTENTS >>>

引　言

　　20 世纪 80 年代以来,中国在各种力量的作用下经历了深刻的社会与经济转型,促使转型的力量包括市场化和私有化、商业化、全球资本的侵入,以及社会主义制度与实践的作用。[①] 20 世纪 90 年代之后,中国开始进入以农民工为主体的社会流动时代,流动的趋势主要是从农村到城市的单向流动,越来越多的农村家庭将进城务工作为一种改善生计甚至改变命运的策略。在经济利益驱使下的农民进城务工导致很多农村地区出现"空巢"和"空心化"的现象,农村面临劳动力缺失的困境。从微观的个体生命历程来看,"乡—城"社会流动为来自农村地区的人们提供了新的生活机遇,它彻底改变了很多人的命运,但同时也造成了一系列个人、家庭甚至社会问题,诸如留守老人(原来的农村家庭养老模式面临严重挑战)、留守儿童(主要是教育问题)、夫妻长期分居(情感问题)、耕地荒废(土地与粮食问题)等。而从宏观的社会结构来看,"乡—城"社会流动一方面减少了城乡之间的社会不平等,缓解了贫富两极分化的矛盾,挑战了新中国成立后长期的城乡二元分割政策导致的社会经济分层现象;另一方面也造成大城市交通拥堵、人口急剧膨胀、生活成本加大、城市污染日益严重及各种社会越轨问题。[②] 从某种程度上而言,由来自农村的定居者构

---

　　①　Zhang L. Migration and privatization of space and power in late socialist China[J]. American Ethnologist, 2001, 28(1): 179.

　　②　Liang Z. The age of migration in China [J]. Population and Development Review, 2001, 27(3): 518.

成的新的都市共同体意味着当代中国城市空间的根本性转变,它重构了城市的社会系统。这种空间重构是一个双重的过程,即在形成聚集的同时也可能产生新的居住隔离。[1] 在西方发达国家,劳动力的职业转换、空间转移与社会文明转换同步并自发进行。但在中国,由于长期受到户籍制度等体制约束及二元劳动力市场的经济束缚,农民工流动呈现"钟摆式"来回迁移状态。这群"候鸟"是改革开放以来随着我国社会经济体制和社会经济结构的双重转型而出现的特殊群体,是在我国特定户籍制度下发生的农村劳动力转移产物,在双向摆动的过程中,城乡二元结构进一步固化。

进入 21 世纪,随着流动人口代际传承阶段的到来和中国城镇化进程的推进,"两栖人"流动态势逐渐减弱。老一代农民工因日渐老去逐渐退出劳动力市场,1980 年以后出生的新生代农民工的比例继续攀升,成为我国产业工人的真正主力军。国家统计局的数据显示,2013 年中国农民工的总数为 2.69 亿人,比上年增加 633 万人,其中新生代农民工有 1.25 亿人,占农民工总人数的 46.6%,占 1980 年及以后出生的农村从业劳动力的比重为 65.5%,新生代农民工大部分流入东部地区,并集中在大中城市务工。[2] 从流动迁移模式来看,家庭化迁移是当前人口流动迁移的主体模式,60% 以上的已婚新生代农民工与全部核心家庭成员在流入地共同居住。家庭化迁移使得流动人口在流入地更容易产生归属感,定居的意愿更加强烈。流动人口在流入城市生活、就业趋于稳定,30% 以上的流动人口在同一流入地居住生活时间超过 5 年,从事最近一份工作的平均时间接近 4 年,全年平均回老家不足 2 次。[3] 有学者通过 14 年的追踪研究,基于理性行动者模型提出了农民工夫妻携子女"举家迁移"的浪潮已经到来,新生代农民工市民化势不可当。[4] 中国社会科学院的王春

---

[1] Ma L J, Xiang B. Native place, migration and the emergence of peasant enclaves in Beijing[J]. The China Quarterly, 1998(155): 566.

[2] 国家统计局 2013 年全国农民工监测调查报告[DB/OL]. (2014-05-12) [2014-12-24]. http://news.xinhuanet.com/fortune/2014-05/12/c_1110648933.htm.

[3] 国家卫计委流动人口. 中国流动人口发展报告 2013[M]. 北京: 中国人口出版社, 2013: 10.

[4] 朱明芬. 农民工家庭人口迁移模式及影响因素分析[J]. 中国农村经济, 2009(2): 67.

光研究员认为,新生代农民工群体规模的壮大使农民工流动趋势从临时性流动转向城市移民定居、进入城市融入的新阶段。① 新生代农民工有其自身的特点,他们的迁移方式也与其他群体有所不同。农民工是在现代化进程中产生的新的社会弱势群体,这种社会地位是由渐进的个体生命历程与剧烈的社会变迁交互作用而导致的。陈映芳曾将在乡城之间迁移的农民工群体称为"城市新移民",并将他们的权益问题定义为"市民权"问题。② 在她看来,"农民工"既是一种制度设置,也是一种身份安排。进城务工的农民尽管不是"水库移民"等国家政策意义上的移民,但是事实性的移民潮正在出现,"过去30年是农民工从流动开始向移民转变的阶段",从"离土不离乡"到"离土又离乡"、从"暂住"到"常住"、从"流动"到"迁移"的变化,表明当代新生代农民工的城市化、市民化进程在加速。新生代农民工表现出强烈的移民意愿和移民行为,并且有少数人实现了城市定居。③ 纵观诸多国家和地区的"乡—城"移民史,新生代移民群体的壮大使移民问题从最初的个体性问题转变为影响国家经济、政治、社会和文化等多个领域的关键性问题。无论是"暂时的飘浮者"还是"潜在的定居者"④,他们都对城市的空间重构、经济结构、社会治理和文化生产等产生了不可低估的影响。由此,2010年中央发布一号文件,要求采取有针对性的措施,让新生代农民工在城市落户,实现其市民化。2011年,农民工的社会管理和公共服务问题被提上中国社会管理和社会建设的议事日程。新生代农民工的迁移行为和城市融入不仅关系到群体自身,还直接影响社会的持续发展、长治久安和公平正义。在这个宏大的时代背景下,研究新生代农民工的迁移规律及其城市融入的影响因素和推进策略具有重要的现实意义。

---

① 王春光.新生代农民工城市融入进程及问题的社会学分析[J].青年探索,2010(3):5.
② 陈映芳.农民工:制度安排与身份认同[J].社会学研究,2005(3):119.
③ 王春光.新生代农民工城市融入进程及问题的社会学分析[J].青年探索,2010(3):5.
④ Roberts K. Female labor migrants to Shanghai: temporary "floaters" or potential settlers? [J]. International Migration Review, 2002, 36(2): 492-519.

第一章
研究综述

新生代农民工城市融入问题涉及社会学、管理学、人口学、政治学等多个领域，从已有研究内容来看，新生代农民工城市融入问题主要集中在以下几个方面。

第一节　新生代农民工身份认同与代际差异

受西方迁移理论的影响，在两极框架所主导的移民话语中，迁移人群的迁移方式分循环和线性两种。在第一种情况下，人们保持自己旧的认同，铭记自己的家乡，并最终返回那里。在第二种情况下，人们抛弃了曾经的家乡和认同，在接纳自己的社会中定居并最终为其所同化。[①] 这种对于社会空间和归属感的两极化假设也一直主导着人们对当下中国农民工流动社会轨迹的思考。按照"返乡"和"留城"的不同空间方向，可将农民工的身份分为四种：返乡当传统农民；返乡创业成为新农民；留在城市当农民工；留在城市成为市民。[②]

---

① Rouse R. Thinking through transnationalism: notes on the cultural politics of class relations in the contemporary United States[J]. Public Culture, 1995, 7(2): 353-402.

② 江立华. 农民工转型：市民化与新型农民化[N]. 中国社会科学报, 2013-03-08(A08).

从现实数据和发展态势来看,新生代农民工是市民化的主体。风笑天[1]、刘传江与程建林[2]、杨菊华[3]、张斐[4]、李强[5]等学者就两代农民工在人格特征、外出目的、就业选择、在城市生存的敏感度、乡土情结和务农经历、城市生活交往情况、留城意愿等代际差异进行了分析。

一、代际差异的具体表现

在制度缺席的背景下,新生代农民工的身份认同更加微妙,他们对城市社会的认同程度不一,与此同时,对农村社会的认同则呈普遍减弱的趋势。[6] 具体而言,从进入城市打工的动因看,老一代农民工普遍将谋生活、赚钱作为第一目标,基本上是单一的"生存—经济"目的。新生代外出的动机已经不仅仅是"怎么活""靠什么活",即"生存—经济"叙事下的"谋生"问题,而是"活着做什么"即活着的追求或价值问题。从城市认同感来看,两代农民工的代际差异也十分明显。与老一代的农民工相比,新生代农民工的受教育程度相对较高,职业期望和要求也更多,他们中有些人希望能够在城市实现"自身的价值",或为了"出人头地"的理想而在城市打拼。1999 年,社会学家李强对 234 名留在农村的农民工家人展开调查,考察农民工外出后是否还会回到家乡,调查显示"89.7%的农民工将来会回来,10.3%的人在外定居"。[7] 2008 年,朱筱凯的调查报告显示,41.1%的人愿意留在城市,35.3%的人确定要回去,还有 23.6%的人待定但留在城市的可能性更大。[8] 从两组数据的比较可以推断,新生代农民工的城市认同感高于父辈。老一代农民工仍旧保留了小农思想,他们自

---

① 风笑天.农村外出打工青年的婚姻与家庭:一个值得重视的研究领域[J].人口研究,2006(1):57.
② 刘传江,程建林.第二代农民工市民化:现状分析与进程测度[J].人口研究,2008(5):48.
③ 杨菊华.对新生代流动人口的认识误区[J].人口研究,2010(2):44.
④ 张斐.农民工返乡创业的实证分析:基于全国十省的调查分析[J].农业经济与科技,2011(1):90.
⑤ 李强,胡宝荣.户籍制度改革与农民工市民化的路径[J].社会学评论,2013(1):36.
⑥ 王春光.新生代农村流动人口的社会认同与城乡融合的关系[J].社会学研究,2001(3):63.
⑦ 李强.农民工与中国社会分层[M].北京:社会科学文献出版社,2004:58.
⑧ 朱筱凯.城市新生代农民工市民化问题研究:基于对杭州及周边地区的调查[D].杭州:浙江大学,2008.

我满足感较强,自给自足,对留在城市不抱太大期望,对农村和土地心存依恋。在新生代农民工群体中,很多人都没有务农的经历,随着手机、互联网及微博等通信设备和自媒体平台的迅猛发展,他们对现代社会的信息接收几乎与城市居民同步,因而能更好地适应城市社会的生活方式和文化观念。新生代农民工对城市的认可度很高,他们几乎完全适应并内化了城市的生活方式和文化观念。工业文明和信息技术使他们树立起强烈的市场意识、竞争意识、效率意识及权利意识,也形塑着他们与祖辈、父辈截然不同的流动路径。网络、品牌、休闲、人际关系是他们生活的重要组成部分,他们也不在乎从一个城市向另一个城市的"飘一族"生活,"在不断漂泊的过程中总会找到适合自己发展的城市和工作"是大多数新生代农民工心态的写照。正如张鹏指出的,在一个快速商品化、商业化的时代,城市的归属感不再由户口决定。① 绝大多数年轻的农民工成长于改革年代逐渐涌起的消费文化大潮中,和同龄人一样,他们更容易将物质消费当作获取都市气质(urbanity)和现代性的手段。同时,他们也通过其他灵活的城市融入途径表达并重新定义了社会地位,改造了在城市中的身份。从就业途径和择业观来看,新生代农民工大多数选择劳动密集型的服务业和制造业。这几类工作相对干净、省力,入行门槛低,经过短期培训就可上手,有助于新生代农民工在城市快速生存。此外,新生代农民工对自我价值的认识、对人生目标和社会道德观的认识与城市青年接近,而与父辈差异明显。② 随着中央和地方政府对农民工问题的日益重视,以及近年来在"珠三角""长三角"等传统的劳动力输入地"民工荒"现象的日益严峻,新生代农民工在城市的身份合法性有了一定程度的提升。经济环境和制度环境的改善使他们在城市的个体经历和遭遇及面临的制度障碍也没有老一代农民工那样恶劣。在这样的生命历程和制度性结构变迁的背景下,新生代农民工融入城市的意愿更为强烈,他们与城市居民之间的心理距离相对较小,处于"半城市化"

---

① 张鹏.城市里的陌生人:中国流动人口的空间、权力与社会网络的重构[M].袁长庚,译.南京:江苏人民出版社,2014:48-49.

② 朱筱凯.城市新生代农民工市民化问题研究:基于对杭州及周边地区的调查[D].杭州:浙江大学,2008.

的状态,并且更多地接受了平等、民主的价值观念。随着市场化和社会改革进程的不断推进,进入城市的新生代农民工更加希望与城市人"站在同一起跑线上",或享有"平起平坐"的同等权利。就进城的个人动机而言,新生代农民工在城市追求的可能并不纯粹是经济收入,也可能是社会价值和文化价值等,有些甚至追求的是"个人经验"。此外,与老一代农民工相比,新生代农民工的权益意识有所增强,并且在基本权利受损的情况下更有可能"用脚投票"或采取集体行动的方式来维护自己的权益。

除了存在这种明显的代际差异之外,我们还应该看到新生代农民工面临的身份认知困境,而这种困境相比于第一代农民工显得更为明显和深刻。这主要表现在制度设置上由于户籍制度及其他与之相关的许多社会福利政策导致的各种不平等现象,如被挤压在低端劳动力市场、经济收入整体偏低、缺乏社会保障、遭受社会文化歧视及实际身份与制度身份之间严重错位等。上述困境使得改变了职业和生活场所的新生代农民工仍然游离于城市体制之外,流入地政府通常采取"经济接纳、社会排斥"的政策,从而导致他们虽然在空间上进入了城市这个场域,但实际上又不被城市社会完全接受。然而,常年城市生活和工作经历又弱化了他们的乡土认同,使他们无法适应农村生活。新生代农民工处于一种"双重边缘人"的状态,导致他们的身份认同混乱。① 有学者从生命历程理论的视角来分析,认为在社会转型时期,社会发展断裂、利益分化失衡、价值意义碎片化导致新生代农民工陷入身份、制度和文化三重认同危机,进一步带来社会紧张、隔离和风险加剧。② 也有学者从社会记忆的角度来研究农民工的社会认同和身份困境,认为中国特殊的城乡空间与新生代农民工社会记忆互构影响他们的城乡认同,城乡生活方式的转变使新生代农民工重新形成社会身份,并对其阶层的形成与归属产生重要意义。③ 新生代农民工的自我认同是城市和乡村经历的结合,这种认同困境是在"过去"基于历

---

① 魏晨.新生代农民工的身份认同问题研究:以徐州地区为例[J].经济与社会发展,2006(12):106.

② 陈占江.生命历程理论视野下的新生代农民工社会保护研究[J].学术交流,2008(11):193.

③ 刘博,秦海霞.生活方式的转变与社会身份的缺失:对服务业新生代农民工城市生活的个案研究[J].青年研究,2008(12):1.

史性记忆的乡土文化与"现在"基于共时性记忆的城市文化的基础上建构起来的,记忆的重构与传承一方面导致乡土认同的解构,另一方面产生了城市认同的模糊性。[①] 王春光也试图借助社会记忆的时空性和社会时空的经验性(或者记忆性)来把握新生代农村流动人口社会认同的特点及其对他们今后的行为选择和取向的影响。[②] 在关于农民工的自我身份认知的问题上,有调查显示,新生代农民工中有 64.7%的人认为自己是"普通的打工者",13.5%认为自己是"拥有部分非农业收入的农民",而认为自己是"农民工"的比例只有3.8%。[③] 从这种意义上而言,我们今后是否继续称这个新生代群体为"农民工"值得商榷。

二、解释视角和叙事模式的转变

在解释上述差异的背后也呈现出当前两种研究视角和叙事模式的不同。在当代农民工问题的研究中,占据主导地位的研究视角基本上是在生存论预设下采取的"生存—经济"分析叙事模式。[④] 也就是说,人们总是不自觉地认为,农民是迫于生存,为了满足生存需要和缓解生存压力而外出打工,对经济目标的追求构成了农民工行为选择的本质意义。的确,对于初期的农民工,甚至直到今天,这种视角依然具有相当强的解释力。但是,无须讳言,随着新生代农民工的出现并在规模和数量上占据主导,这种解释力正在减弱:第一,农民工主体的需要、动机和目标追求是在生活实践展开过程中不断发生调整和变化的;第二,农民工群体本身不是同质性(homogeneity)的,尤其是新生代农民工与上一代农民工进城的追求全然不同;第三,"生存经济学"视角下对农民工问题的认知预设实际上也建构出解决农民工问题的政策思路,忽视群体本身的实际情形。农民工自身的行为选择是决定其进城和返乡的关键,宏观上

---

① 胡晓红.社会记忆中的新生代农民工自我身份认同困境:以 S 村若干新生代农民工为例[J].中国青年研究,2008(9):42.

② 王春光.新生代农村流动人口的社会认同与城乡融合的关系[J].社会学研究,2001(3):76.

③ 魏晨.新生代农民工的身份认同问题研究:以徐州地区为例[J].经济与社会发展,2006(12):106.

④ 黄平.寻求生存:当代中国农村外出人口的社会学研究[M].昆明:云南人民出版社,1997;周大鸣.渴望生存:农民工流动的人类学考察[M].广州:中山大学出版社,2005.

的制度约束再大,最终产生效力的还是个体的理性行为。

比较两代农民工的行为选择及其心态转变历程,农民工的思维方式逐步由生存理性走向发展理性。发展理性,是相对第一代农民工的"生存—经济"理性而言的,是新生代农民工把"根"从农村拔出、生活方式趋于"城市化"、情感认同和价值取向背离"乡土"的过程。① 从生存到发展是一种根本性的、"质性"的变化过程,发展不是生存目标、条件和状况在"量"上的增长或程度上的提升,因为新生代农民工在文化、社会、政治上的需求显然不是对生存需求的自然延伸和补充,而是对于城市、对于生活之另一种新领域、另一种新的意义空间的开拓,这种理性追求和选择不能完全用经济的或准经济的理性杠杆来衡量。从某种意义上说,传统的"生存—经济"分析叙事模式实际上潜藏着一种化约论,将文化、社会、政治的领域化约为围绕"生存"而组织起来的经济生活中的因子,而否定其相对独立的地位和意义。② 发展是一种有别于生存的"现代性"追求,工厂生产、城市体验与文化认同孕育了新生代农民工超越生存、寻求发展的"现代性"——正如英克尔斯(Alex Inkeles)等在《从传统人到现代人:六个发展中国家中的个人变化》一书中重点论述的,工业和城市使得传统人转变为现代人。③ 进城的新生代农民工接受的全新的社会化力量构成了一种"现代性"追求。随着新生代农民工现代性的增长,无论是从主观还是客观上来看,农村他们是"回不去"了,但同时,他们在体制上讲暂时还无法融入城市。如此一来,问题就彰显出来:与父辈为赚钱而打工、对城市并没有认同和依赖、只有回归农村才有归属感的思维方式形成强烈反差,新生代农民工宁愿成为城里的"流浪汉",也不愿回到农村当农民。那么,当前理解和解决农民工问题的重点还应着眼于"农民工"的内部分化及由此带来的行为选择转变,即农民工对自身定位的差异将决定政府努力的方向和政策制定的导向。

---

① 刘成斌.生存理性及其更替:两代农民工进城心态的转变[J].福建论坛,2007(7):132.

② 王小章.从"生存"到"承认":公民权视野下的农民工问题[J].社会学研究,2009(1):121.

③ 阿列克斯·英克尔斯,戴维·H.史密斯.从传统人到现代人:六个发展中国家的个人变化[M].顾昕,译.北京:中国人民大学出版社,1992:7.

第二节　新生代农民工城市融入的影响因素

农民工群体的城市适应状态表现出两种形式:一是改变自我、融入城市,即随着职业和居住环境的改变,进城农民工的生活方式、社会关系也自然地发生变化,从而融合到城市社会;另一种是在城市重建乡村的生活方式。在第二种情况下,进城农民工选择初级社会关系、依赖同质化群体进行社会交往,以此构造城市交往和社会互动的差序格局。① 比较典型的案例是"都市村庄"的形成和兴起,如南京"河南村"、北京"浙江村"。农民工的城市适应主要从经济适应、社会适应和心理适应三个方面循序递进,而当前的农民工群体的适应大多停留在经济层面,尽管这种现状在新生代农民工那里正在逐渐发生改变。② 根据城市认同及适应程度的不同,朱力等将老一代与新生代农民工的适应模型划分为"被动型适应"、"半主动型适应"与"建构型适应"三种类型。他认为老一代农民工基本上以"被动型适应"为主,绝大部分的新生代农民工则归为"半主动型适应",而少数具有精英型特质的新生代农民工则可以划入"建构型适应",这是一种全新的并带有趋势性和引导性的适应。③ 新生代农民工对融入城市有着强烈的愿望和诉求,而且他们自身的素质和能力也为这种诉求提供了一定的有利条件。但是,正如很多研究所表明的,受学历低、经验缺乏、城市社会排斥,以及政府社会管理和公共服务不到位等主观和客观因素的影响④,新生代农民工的城市化在制度层面、经济层面、社会层面和心理层面仍

① 江立华.城市性与农民工的城市适应[J].社会科学研究,2003(5):92.
② 朱力.从流动人口的精神文化生活看城市适应[J].河海大学学报(哲学社会科学版),2005(3):30.
③ 朱力,赵璐璐,邬金刚."半主动型适应"与"建构型适应":新生代农民工的城市适应模型[J].甘肃行政学院学报,2010(4):4.
④ 朱筱凯.城市新生代农民工市民化问题研究:基于对杭州及周边地区的调查[D].杭州:浙江大学,2008.

然面临着各种深层次的困难。① 以户籍管理制度为标志的城乡二元分割制度是农民工融入城市面临的最大障碍,而农民工群体自身的因素(如乡土意识、教育水平等)是阻碍其融入城市的直接原因。其他还包括一些社会性的因素,诸如市民及城市管理者的偏见与歧视、城市传媒的污名化与忽视,以及城市社区的隔阂等,都是阻碍新生代农民工城市融入的消极因素。② 经验研究表明,新生代农民工工作适应、人际适应停留在中等水平,而生活适应则位于较低水平。自评家庭阶层地位、城市经历、媒介接触、社区参与和组织支持、相对剥夺感对新生代农民工的城市融入有显著影响。③ 2006 年"成都青年农民工状况调查"的数据资料分析则表明,性别、是否独生子女、城市生活体验、社区参与程度和相对剥夺感对新生代农民工与城市居民的社会距离感有显著性影响。④ 有学者指出,在新生代农民工作为城乡流动人口主体的时代,他们的城市融入面临着三大对立关系或张力:政策的"碎片化"调整与新生代农民工越来越强烈的城市融入渴望;新生代农民工对城市融入的向往与他们实现市民化的能力;中央政府的城市化政策与地方实际落实城市化的举措。⑤ 概言之,新生代农民工的城市融入存在主观与客观、个人与社会、主体与结构等一系列的制约性因素。在这里主要梳理出四种关于新生代农民工城市融入障碍的研究路径。

一、关于城市融入障碍的四种研究路径

(一)新生代农民工城市融入的四大障碍

第一种研究路径是从新生代农民工自身、制度性障碍、社会性障碍及经济性障碍等角度进行综合分析。⑥

---

① 孟小妹.新生代农民工市民化问题探讨[J].产业与科技论坛,2008(9):47-48.
② 谢有长,宁陶.农民工在城市适应过程中的阻碍因素分析[J].经济与社会发展,2005(12):158.
③ 许传新."落地未生根":新生代农民工城市社会适应研究[J].南方人口,2007(4):52.
④ 许传新,许若兰.新生代农民工与城市居民社会距离实证研究[J].人口与经济,2007(5):39.
⑤ 王春光.新生代农民工城市融入进程及问题的社会学分析[J].青年探索,2010(3):5.
⑥ 单菁菁.中国农民工市民化研究[M].北京:社会科学文献出版社,2012:8-10.

首先,作为城市融入主体的新生代农民工自身存在一些阻碍性因素,主要包括:①素质障碍,集中体现为文化素质不高,缺乏职业技能,因而只能从事脏乱、危险和劳累的工作(即所谓的"3D"工作:dirty、dangerous、demeaning)。②文化障碍,新生代农民工由于遭受社会歧视和排斥而产生心理抗拒和文化抵制,他们形成自我隔离的居住空间和自我封闭的亚文化圈,结果导致自我边缘化和自我排斥。③认知障碍,新生代农民工的"小农意识"浓厚,这种精神气质与现代城市社会的伦理显得格格不入。

其次,新生代农民工的城市融入面临诸多制度性障碍,集中表现为:①城乡分割的户籍制度和由此衍生的教育、医疗和社会保障差别化制度;②迫使新生代农民工停滞于低端劳动力市场的城乡二元分割制度;③僵化的农村土地承包和宅基地制度。这些制度使新生代农民工无法彻底摆脱乡土社会进入城市,从而很难完全实现市民化。

再次,新生代农民工的城市融入还面临社会障碍,如城市政府长期以来对外来流动人口采取的以"管控"为主的各类歧视性政策;城市居民由于"身份"的优越感而导致对农民工群体的抵触、不满和排斥心理;新生代农民工在城市通常聚集在边缘区域,形成同质性的共同体,高度集中和狭隘的社会关系网络将他们排除在主流社会之外。

最后,新生代农民工的城市融入还面临着经济阻力。因为改革户籍制度、社会保障制度及城乡土地制度等需要付出高额的社会成本,单一主体无法兑现巨大的市民化成本。

(二)新生代农民工城市融入的社会结构性制约和主体性制约

第二种研究路径重点从社会结构性要素和主体性要素入手来分析影响新生代农民工城市融入的因素。结构性因素包括经济环境、制度安排及舆论态度,主体性因素则是指新生代农民工的城市融入意愿及其市民化能力。新生代农民工城市融入的过程体现为作为主体的新生代农民工与其所处的社会结构之间相互作用的过程,社会结构对新生代农民工的行为适应既有制约性,也给他们留下了一定的行动空间。换句话说,在这种结构性的背景下,新生代农民工也表现出自身的能动性,能够根据不同的情境,利用各种行动资源采取不同的适应性策略。新生代农民工适应性行动不仅可以满足个体的需求,还会带来结构性后果,促进社会结构的变迁和制度的完善。新生代农民工的城市融入就是在这种个人与社会、行动和制度的张力和竞争过程中逐步完成的。[①]

(三)新生代农民工城市融入的社会资本缺乏

第三种研究路径是从社会资本的角度来研究新生代农民工的城市融入及相应对策的。从本质上而言,这种研究路径与行动—结构的视角是相一致的,因为社会资本也可以涵括微观的个体关系资本、中观的组织资本和宏观的制度资本。例如,李爱芹将农民工的社会资本分为三种类型——私人关系型、组织型和制度型,并认为农民工社会资本积累的困境主要表现为私人关系型社会资本狭窄、组织型社会资本不足及制度型社会资本缺乏公正,这些困境分别阻碍了他们的城市融入。而这种社会资本积累的困境及其对城市融入的阻碍和影响在两代农民工身上表现出的差异并不是很大。[②]

(四)新生代农民工置身四重面向及其交互影响

第四种研究路径分析了新生代农民工在"乡—城"迁移中面对的不同世界,以及这些不同面向交互影响的结果。新生代农民工在城市融入过程中会受到乡土世界、自身想象世界、城市世界和实践世界四个面向的影响。他们在城市的生存逻辑和融入形态被四个面向交互形塑,适应的行为和表现的价值观都是这种交互影响的直接反映。新生代农民工通过实践与再生产的方式寻求群体界定并展现自我身份的城市调适性,从而能够应付城市生活而并不一定要真正习得城市现代性。可见,乡土世界依然在新生代农民工城市日常生活中起到路径依赖的影响,使得他们的都市性和现代性变得更加复杂,即使长期生活在城市也不能完全适应和融入城市。[③] 这种复杂性来源于四个面向,

---

① 胡杰成.农民工市民化研究[M].北京:知识产权出版社,2011:1-2.
② 李爱芹.社会资本与农民工的城市融入[J].广西社会科学,2010(6):142.
③ 符平.青年农民工的城市适应:实践社会学研究的发现[J].社会,2006(2):136.

并演变为在他们城市融入实践中的冲突和制约因素。

二、对上述影响因素及观点的小结

以上视角为新生代农民工城市融入的现状及其制约因素提供了较为全面的分析框架,也为本书提供了强有力的理论基础和启示。综而述之,我们可以将新生代农民工城市融入的影响因素分为两个阶段:迁移之前的特质影响和流入地城市的特征影响。迁移之前的特质包括新生代农民工受教育水平(包括职业培训)、原先的城市化程度、个体人口学特征、进城动机及父母职业等。进入流入地后,城市的人口规模、工业化程度、政府政策,以及社会的包容性、多元性等也会对新生代农民工的城市融入产生重要影响(如图 1-1 所示)。而本书在后续论述新生代农民工的"乡—城"迁移影响因素时也主要采用这一研究框架展开实证分析。

有必要指出,很多研究者都已经注意到,通常被统称为"农民工"的群体其实并非一个同质性的、单一的范畴,该群体内部存在各种分层与分化。首先,新生代农民工群体与老一代农民工群体之间存在各种差异,关于这一点在上文已经有所论述。其次,有学者根据职业、资产、能力、收入和生存状况等指标,将农民工群体分为若干类别,诸如业主与小业主、雇员、个体户和自雇用

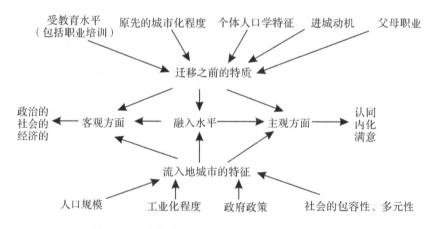

图 1-1　新生代农民工城市迁移与融入的影响因素

者,二、三产业的合同工、流动就业者,以及流浪打工者等;也有学者提出"农民工"通常仅指其中签订了劳动合同的进城务工人员。① 这些不同范畴的"农民工",其现实处境、利益诉求和权益保障上都存在极大的差别。此外,农民工群体之间还存在性别差异,而农民工群体中的性别因素可能比其他群体更为明显和重要。因此,农民工群体内部存在较明显的个体性差异,如城市融入的心理意愿、实际的生存能力、社会感知和家庭的支持程度等,它直接导致群体内的阶层分化现象,不同阶层在经济地位、社会声望、价值取向、生活方式、社会阅历及心理认同等方面都存在层次差异,从而使得他们在城市融入的现状、进度、程度和前景上也存在差别。② 从长远的发展趋势来看,新生代农民工的城市融入是事关公民权的重要社会发展问题。③

第三节　新生代农民工城市融入的推动策略 与西方启示

新生代农民工作为产业工人的主力军,对流入城市的经济结构和社会结构都将产生重要的影响。虽然当前不少城市尤其是一线城市对农民工在当地城市的迁入和落户采取了较为保守的态度(比如积分制的推行),但从国家层面的政策取向来看还是立足于积极推进新生代农民工在流入城市的社会融入。而且随着国家层面户籍制度改革的推进,截止到 2015 年 9 月,24 个省份出台了有关户籍制度的改革方案,部分地区表示将降低落户门槛,明确提出了农业转移人口和其他常住人口落户的具体目标。④ 学术界对于如何改善新生代农民工在城市社会的融入状况、推进新生代农民工城市融入的路径方面已

---

① 郭红.城乡统筹与农民工的城市融入[J].社会科学研究,2011(6):83.
② 胡杰成.农民工市民化研究[M].北京:知识产权出版社,2011:208.
③ 苏黛瑞.在中国城市中争取公民权[M].王春光,单丽卿,译.杭州:浙江出版联合集团,浙江人民出版社,2009.
④ 刘心源.24 省出台户籍制度改革方案 部分地区降低落户门槛[DB/OL].(2015-09-23)[2015-09-29].http:// www.china.com.cn/cppcc/2015-09/23/content_36661622.htm.

经进行了大量深入思考,并提出诸多建设性的对策思路,其重要的落脚点也体现在公共政策的变革上。具体来看,该方面的研究和思考主要集中在以下几个角度。

一、新生代农民工城市融入的宏观制度路径

在促进新生代农民工城市融入的对策建议上,学者们的相关研究往往以打破城乡二元分割结构、消除身份制的户籍制度作为切入口。事实上,上文分析到的影响新生代农民工城市融入的诸多制度性障碍中有不少因素是城乡二元户籍制度的衍生品,因此,打破城乡分割的二元结构、消除依附于户籍制度的深层结构制约是学者们认为的破题根本。何得桂、吴理财提出,在大战略上要实现从城乡分割转向城乡一体化,从而促进农民工自由全面地发展。不从根本上解决这一问题,农民工和谐融入城市的目标就无法完成。① 王桂新、沈建法等学者认为中国特有的户籍制度使流动人口的城市化呈现出非正规、不完全的特征。没有城乡二元户籍制度,中国就不会出现农民工和新生代农民工,农民工的城市融入和市民化也就无从谈起。因此,要以"壮士断腕"的魄力大刀阔斧地进行以户籍制度为基础的二元体制改革,这是解决中国农民工问题的前提和根本,也是推动中国城市化持续、健康发展的根本之策。② 与户籍制度改革相配套的还包括打破城乡二元分割的就业制度、住房制度、教育制度、社会保障及政治参与制度等。因此,刘传江建议新生代农民工市民化进程的推进从农村退出、城市进入和城市融入三个环节展开。在第一个环节解决土地流转问题和实现农地征用制度机制的创新,在第二个环节实现户籍制度转型和城乡一体的就业制度改革、人力资本投资和安居工程的跟进,在第三个环节解决新生代农民工社会保障的市民化问题。概括而言,主要是突破三块

---

① 何得桂,吴理财.促进农民工和谐融入城市的战略思考:基于武汉市农民工的实证分析[J].贵州大学学报(社会科学版),2007(3):15.

② 王桂新,沈建法,刘建波.中国城市农民工市民化研究:以上海为例[J].人口与发展,2008(1):3.

"坚冰"：农民退出农业农村制度、城乡统一的劳动力市场和新型社会保障制度。[1] 张蕾等学者则进一步认为，教育、培训和工作经历是二代外来人口人力资本的重要来源，对他们在城市长期生存、生活和发展影响显著。因此，只有二代外来人口与当地城市居民子女接受同等教育才能实现社会融合与社会发展的良性循环。[2] 杨菊华根据相关数据统计得出，近4/5的新生代"乡一城"流动人口教育程度在初中或以下，这样的教育背景使得他们在一开始就输在起跑线上。如果城乡教育差距得不到缩小，那么教育程度偏低、技能偏差、工作经验缺乏的新生代农民工永远只能在城市从事低端的行业和工作。因此，改变必须从基础抓起、从源头抓起，促进新生代农民工城市融入的关键在于缩小城乡教育差别，提升新生代农民工的群体生态和生活品质。[3]

二、新生代农民工流入城市的社区化治理与服务策略

除了倡导和建设从宏观制度上建构新生代农民工城市融入的路径体系外，近年有不少学者也积极提倡加快提升新生代农民工流入城市的属地化治理与服务水平，较快改善新生代农民工城市融入的中观环境，推动其市民化的步伐。中观环境的改善不仅可以推动新生代农民工的城市融入，对于其他流动人口进城生活状况和发展处境的优化也具有积极意义。随着流动人口的聚居，城市社区成为一个从半封闭走向全面开放、从自然经济向市场经济变迁的场域，是一个流动社会的缩影。在这个变迁的过程中，流动人口流入城市的基层组织、管理体制及服务方式已经不能适应现实需求。因此，如何构建开放、流动、分化和多元化的城市基层社会组织与管理方式，妥善处理不同居民之间的社会关系，增强社区认同和流动人口的城市归属感，促进社区的整合和融合成为重要的议题。早在十几年前，有学者就从社区建设的理论角度提出社会

① 刘传江.新生代农民工的特点、挑战与市民化[J].人口研究,2010(2):34-39.
② 张蕾,王桂新.第二代外来人口教育及社会融合调查研究:以上海为例[J].西北人口,2008(5):59.
③ 杨菊华.对新生代流动人口的认识误区[J].人口研究,2010(2):44.

转型时期城市社区对外来人口管理和服务的重要意义,认为由于中国的经济结构和社会结构转型是同步发生的,政社分离后的政府社会管理职能转移到基层社会,社区成为承担政府公共职能的末梢基层组织,同时,从流动人口个体的角度来看,也对当地城市社区建设和治理服务提出了新的要求。[①] 蔡小慎等学者提出,政府宏观政策和措施对于流动人口的行政管理和社会服务效率很低,而市场主体又严重缺位,因此,要将政府与基层社会的治理服务互补衔接起来以推进外来人口综合治理和服务的新举措。[②] 持类似观点的学者还包括陈丰等人。陈丰认为,社区自治管理将会成为管理外来流动人口的新趋势,这一模式不仅能有效利用各类行政和社会组织资源,优化对外来流动人口的管理服务,更重要的是能推进基层社会民主协商的步伐。[③] 张艺从社会管理创新的视角出发,探讨了对流动人口实行社区化管理的理论意义和现实价值,并针对在外来人口社区管理中已经和未来可能出现的阻碍因素,提出重构流动人口社区服务管理新体系的构想。[④] 随着新生代农民工的群体的增长与城市移民意愿的凸显,越来越多的研究也从社区治理和服务的视角提出推进新生代农民工城市融入的策略。周莹、周海旺基于江苏省无锡市的新生代农民工调查样本,提出只有对农民工实行属地管理,做到与常住人口同服务、同管理,通过社区融入消除本地人和外地人的隔阂,才能使新生代农民工真正适应城市生活并融入城市。[⑤] 新生代农民工的城市融入需要创新城市社区体制机制,将融入的主题植入城市和谐社区建设的进程中,要在户籍制度改革和城乡一体化劳动力市场建立的同时,整合城市社区现有的培训资源和渠道来提高新生代农民工的劳动力培训水平,并将社区关怀普惠式延伸和拓展从而让新生代农民工获得与城市居民平等的待遇。[⑥] 针对上述研究视角的推进,有

① 刘祖云.社会转型时期城市社区建设的理论探讨[J].武汉大学学报(社会科学版),2001(3):376.
② 蔡小慎,王天崇.社区治理与城市流动人口管理[J].前沿,2005(1):179.
③ 陈丰.流动人口社会管理与公共服务一体化研究[J].人口与经济,2012(6):59.
④ 张艺.流动人口社区化管理研究:以社会管理创新为背景[J].人民论坛,2012(2):120.
⑤ 周莹,周海旺.新生代农民工城市融入的影响因素分析[J].当代青年研究,2009(5):19.
⑥ 邓秀华,丁少洪.新生代农民工城市融入与和谐社区建设[J].青年探索,2010(3):16.

学者从社会工作介入的角度提出了新生代农民工进行危机调适、人力资本提升、社会支持网络扩展和改善城市生活环境的对策建议。① 新生代农民工聚居的社区要积极引入社会工作介入模式,借助社会工作者的专业实务能力深入新生代农民工服务一线,在服务中摸索适合中国本土需要的、解决社会融合问题的社会工作方法。②

三、西方学界关于移民融入研究的三个视角与实现机制

发达国家长时期的移民史为西方学者形成系统的迁移理论体系提供了条件,尤其是欧美学术界关于移民融入问题的理论和实践成果对当前中国的农民工城市融入问题颇具参考意义。国外学者相关研究大致经历了两个阶段:早期移民研究包括迁移人口社会特征及迁移规律、迁移人口与城市发展、迁移人口的适应与融入三大方面;20 世纪后期以来,欧美学术界对移民问题的探讨从理论研究转向融入策略(inclusion strategies)。西方学者认为移民尤其是早期的西方移民主要是一个"乡—城"迁移过程,其中,推拉理论、历史—结构(historical-structural)理论和中观的社会关系网络理论是解释和理解"乡—城"迁移的三大经典理论流派。

(一)推拉理论下的"乡—城"迁移

推拉理论权衡"推力"和"拉力"在移民决策过程中的作用,基于新古典经济学的基本假设,认为个体行为者是原子化的,能够计算成本和收益,并由此做出理性选择。③ 在农村缺乏获取收入的途径、总体经济不景气等经济因素

---

① 谢永飞,王红艺,汪华锋.新生代农民工城市融入的社会工作介入探讨[J].兰州学刊,2013(5):142.

② 谢建社.新生代农民工融入城镇问题研究[M].北京:人民出版社,2011:266.

③ Richard M. Network migration and Mexican rural development: a case study[J]. American Journal of Agricultural Economics,1982,64(3):444-454.

成为促使农民离开土地并进行迁移的主要因素。[①] 运用微观经济学模型,迈克尔·P. 托达罗(Michael P. Todaro)认为核心因素包括:"理性地权衡相对的成本和收益(主要是经济方面的,也包括心理方面的)"及"预期的城乡工资差别"。[②]

(二)历史—结构理论下的"乡—城"迁移

历史—结构分析法则更为关注那些形塑市场、限制信息或者偏爱流动人口决策(biased the migrants' decisions)的社会力量。[③] 它把流动人口的迁移问题放在强制的劳动力榨取和有充分准备的劳动力招募的背景下进行分析。历史—结构分析法研究的不是做出选择的时点,而是侧重分析农民会面对的这些特定的成本和收益的成因。[④] 与推拉理论相比,历史—结构分析法没有聚焦流动行为者的自主选择。

(三)社会关系网络理论下的"乡—城"迁移

主张利用社会关系网理论进行分析的学者对上述两种流派进行了批判:首先,推拉理论的经济学阐释无法解释为何存在不同的迁移模式,或者说它缺乏说服力[⑤];其次,结构主义取向忽略了社会网络这个联结潜在流动人口与已经流入城市的人们之间的纽带。正如两位持这一观点的学者所言,人口流动

---

① John C, Biplab D, Roy L, et al. Migration from rural areas: the evidence from village studies [M]. Delhi: Oxford University Press, 1976:7-8; Dipak M. Rural-Urban migration in developing countries[M]//Mills E S. Handbook of regional and urban economies. Amsterdam: North-Holland, 1987:1097-1128.

② Todaro M P. Internal migration in developing countries: a review of theory, evidence, methodology and research priorities[M]. Geneva: International Labour Office, 1976: 35-36.

③ Jackson J A. Migration[M]. London: Longman, 1986: 38.

④ Charles H W. Equilibrium and historical-structural perspectives on migration [J]. International Migration Review, 1982,16(2): 302.

⑤ Portes A, Bach R. Latin journey: Cuban and Mexican immigrants in the United States[M]. Berkeley: University of California Press, 1985:3-7.

是"一个由社会关系网络驱动的过程"①。社会网络分析法的价值在于,它考察流动人口持续流动的过程而不只是关注处于流动过程中的原子化个体行为者。

社会网络理论为 20 世纪 90 年代后西方国家推动移民城市融入的策略转型奠定了基础。诸多学者一致认为社区是社会网络再造的有利载体。事实上,以移民融入过程中形成的混居社区为代表的社区空间研究一直是城市社会学的重要研究内容。早在 20 世纪二三十年代,美国芝加哥学派就已经开了社区空间学的先河,试图通过社区空间视角考察外来移民与本土居民的融合问题。围绕移民文化与社会组织②、劳动分工和都市组织结构的关系③及城市生态、社会组织对城市移民心理的影响④等主题形成了一批有关都市社区与社会融合的经典著作。20 世纪五六十年代,法国不少城市社会学者开始将研究重心对准移民居住集中的城市居住区(grand ensemble),以空间邻近和社会距离为主题的混居区田野调查成果不断问世。⑤ 可以说,在欧美学者的共同关注和深入研究进程中,将社会关系网络理论与城市空间学相结合、从社区的角度探索移民社会融入的困境和对策在理论和实践层面都获得了较大的成果。其中,对本研究有重要参考价值的观点当属:社区工作是对抗社会排斥、促进社会融入的重要实践策略和行动方式⑥;市民社会、社会资本、能力建设与社会融入是当代社区工作的核心概念⑦;基于社区的行动(community-

---

① Portes A, Rumbaut R G. Immigrant America: a portrait[M]. Berkeley: University of California Press, 1990: 230.

② Thomas W I, Znaniecki F. The Polish peasant in Europe and America[M]. Boston: Badger Press, 1920.

③ Park R E, Burgess E W, Mckenzie R D. The city[M]. Chicago: The University of Chicago Press, 1925: 47-62.

④ Wirth L. Urbanism as a way of life[J]. The American Sociological Review, 1938, 44(1): 1-24.

⑤ 赵晔琴. 先占者与局外人:社区混居与本地居民的行动选择——来自上海"元和弄"社区的实证调查[J]. 华东师范大学学报(哲学社会科学版), 2012(3): 143.

⑥ Henderson P. Including the excluded: from practice to policy in European community development[M]. Bristol: Policy Press, 2005: 93.

⑦ Henderson P, Thomas D. Skills in neighborhood work[M]. London: Routledge, 2002.

based activity)是社会融入的重要机制①;融入与排斥主要取决于参与的程度②;社区工作为被排斥的个人与群体提供机会与资源,帮助其参与城市生活,在社会中扮演更强的角色③。从行动策略来看,米奇利(Midgley)提出个人主义策略、集体主义策略和平民主义策略三种策略,基于社区的行动能够在一定程度上实现三种策略的平衡。④ 欧盟社会发展联会(CEBSD)提出社会融入实践行动的四个基础:地方机构的关注、公共政策中的资助与多方合作、提升社区服务、对社区社会融入项目成效的评估。⑤ 社区工作推动决策过程中的移民参与,有利于分配有限资源与传递服务,改善移民个体与集体的福利,帮助移民真正实现社会融入。⑥

四、国内外已有融入策略研究的启示及本研究的意义

不难发现,国内学者在人口流动行为、影响社会融入的因素尤其是融入策略问题上的阐述与西方三大经典理论相比呈现出较强的继承性,这些观点和建议也为本研究的开展奠定了坚实的基础,但关于新生代农民工城市融入问题还存在拓展的空间,原因在于:第一,大部分研究关注新生代农民工城市融入的主观意愿、群体需求和融入障碍,其研究的着眼点和落脚点仍是将新生代农民工视为流动人口,而非穿越地理空间、永久迁移的移民人口。第二,更多仍强调劳动力市场的经济融入,关注城乡二元结构下制度、政策等结构性"强"

① Monica D. Social exclusion, inequality and social work[J]. Social Policy and Administration, 1999,33(3):245.

② Burchardt T, Le Grand J, Piachaud D. Degrees of exclusion: developing a dynamic, multi-dimensional measure[M]//Hills J. Understanding social policy. Oxford: Oxford University Press, 2002:30-43.

③ Payne M. Social work change and continuity[M]. Basingstoke: Palgrave Macmillan Press, 2005:1.

④ Midgley J. Ideological roots of social development strategies[J]. Social Development Issues, 1993,15(1):1-13.

⑤ Henderson P. Including the excluded: from practice to policy in European community development[M]. Bristol: Policy Press, 2005:144.

⑥ Taylor M. Communities in partnership: developing a strategic voice[J]. Social Policy and Society, 2006,5(2):269.

排斥,对深层潜在的社会交往、文化适应、心理接纳等非结构性"弱"排斥研究相对不足。第三,在一定程度上对城市融入问题的研究角度略显单一,虽然提出了从社区等微观的组织视角进行推进,但作为一种系统的社区支持模式,其实践策略意义尚未充分体现。西方学界对移民问题的研究历时较长,在理论和实践、宏观和微观层面上较为系统全面,但当前新生代农民工的城市融入与西方移民问题所处的时代和社会结构背景不尽相同,目前中国社区发展和建设的路径与国外差异明显。从已有新生代农民工聚居的城市社区治理方式和外来人口服务管理模式研究来看,往往以纵向的政府管理为主,无论是自上而下的流动人口管理与服务机构设置,还是出台的统一政策和执行标准,无不反映出管控和被动的色彩,而作为推动和实现新生代农民工城市融入与城市社区治理的横向社会化治理机制,将成为破解这一难题的重要突破口。

　　基于上述分析,本研究拟将新生代农民工置于"'乡—城'移民"的视角,以社区支持作为具体的实践路径和策略方式,力图从抽象的理论研究与一般性政策建议回归到新生代农民工在城市中的具体生产生活场域。从微观场域——社区出发,挖掘融入的结构性与非结构性障碍和社区支持的约束条件,构建社区支持系统促进融入。从理论价值来看,将新生代农民工置于"'乡—城'移民"的视角并从社区出发来系统研究城市融入问题是对当前主流视野的一种补充;从现实意义来看,本研究也是对当前推进新生代农民工市民化问题的积极回应。

第二章

新生代农民工城市融入的五种支持模式

从前述文献来看,农民工群体进城后置身于多重面向构成的社会网络、组织关系之中。随着代际更替的到来,新生代农民工的流动趋势和城市融入呈现出与父辈不同的特征。本研究基于人口流动和迁移理论、社会整合与共同体相关理论,以及"国家、共同体与个人"关系三个维度,从个人、自组织、公共部门、市场和社区五个方面提炼农民工(包括新生代农民工)进城后的支持模式。根据支持资源来源的不同,可将新生代农民工城市融入的支持方式分为五种模式:个人支持模式、自组织支持模式、公共部门支持模式、市场支持模式及社区支持模式。这里探讨的市场支持模式和社区支持模式分别对应于斐迪南·滕尼斯(Ferdinand Tönnies)提出的"社会"(gesellschaft)和"共同体"(gemeinschaft),以此为理论基础进行合法性的论证。同时,基于国家、共同体和个体支持系统之间的关系来比较五种支持模式各自的特点,并重点论述社区支持模式的优势与可行性。

第一节 五种支持模式提出的理论基础

一、"链式移民"与整群融入

从世界范围内人口流动的经验来看,人口流动的进程包括三个递进阶段:

第一个阶段是个体流动的先锋阶段;第二个阶段是人口流动的家庭化阶段;第三个阶段则是群体流动的大众化阶段。[1] 就我国人口流动的现状来看,随着制度、社会环境的逐渐改善和流动人口结构的改变,它正处于从第二阶段向第三阶段过渡的时期,即从家庭迁移逐渐向大众化迁移过渡。在这个转换过程中,也逐步完成了中国以农民工为主体的流动人口代际变更。已有的很多研究表明,基于血缘、地缘关系形成的农民工群体具有"强关系""伦理性"等特点。[2] 农民工群体倾向于通过各种关系网络寻职就业、定居,以及寻求心理支持和社会认同等,他们进城所依靠的社会资源主要是原有的乡土网络,而不是依靠政府和市场。[3] 此外,农民工进城之后依托原有的关系网络通常形成区隔性的居住模式,这种同质性的聚集而居是中国人根深蒂固的移民文化的表现。

很多关于移民群体的研究认为,新移民的人口迁徙模式是一种"链式迁移"(chain migration)或"连锁迁移"。例如,Tsuda Takeyuki 对日裔巴西移民的研究表明该移民群体的流动趋势是一种连锁式的迁移,家庭成员、亲戚朋友之间形成具有一定路径依赖性的"迁移链",这是移民群体产生社会嵌入性的重要社会性因素。[4] 这种迁移方式曾经也被查尔斯·蒂利(Charles Tilly)定义为"连锁迁移",即一批相互关联的个体或家庭通过一系列社会安排(social arrangement)从一地迁往另一地,而这些安排包括目的地人们所提供的帮助、信息以及对新来者的鼓励。[5] 项飚等人关于北京城乡接合部的"浙江村"的研

---

①　胡书芝.从农民到市民:乡城移民家庭的城市融入之路[M].北京:社会科学文献出版社,2014:45.

②　李培林.流动民工的社会网络和社会地位[J].社会学研究,1996(4):42.

③　胡书芝.从农民到市民:乡城移民家庭的城市融入之路[M].北京:社会科学文献出版社,2014:23.

④　Tsuda T. The permanence of "temporary" migration: the "structural embeddedness" of Japanese-Brazilian immigrant workers in Japan[J]. The Journal of Asian Studies,1999,58(3): 707.

⑤　Tilly C. Transplanted networks [M]// Virginia Yans-McLaughlin V. Immigration reconsidered: history, sociology, and politics. New York: Oxford University Press, 1990: 88.

究亦表明,中国的城乡人口迁移在本质上是一种以出生地为根基的链式迁移。[①] 这种链式迁移具有滚雪球式效应,一方面,导致迁移人口高度集中化地聚集居住,例如在北京,除了丰台区的"浙江村"之外,还有海淀区的"新疆村"、朝阳区的"河南村"等;另一方面,也导致迁移人口所从事的职业高度趋同化,这主要是由于来自不同地域的农民工获得的信息也相对集中和趋同,这便利了他们对信息的掌握和规模效应的产生。例如,温州人多从事服装贸易,河北人多从事建筑业,安徽人多从事家政保姆行业,河南人多从事废品回收,而重庆人则多从事搬迁行业等。

从传统的单枪匹马式的进城务工转向链式迁移,是改革开放以来我国农民工人口流动的最重要的变化趋势之一。中国传统的村落社区是一种典型的家园共同体,具有很强的结构稳定性与适应性,它具有同质化程度高、封闭性强等特征。作为家园共同体中的村民,其存在状态是网络状的,而不是原子化的,他们被置于家庭、宗族、村落和国家的"同心圆"式的社会结构中。[②] 在这种同质性的关系格局里,一旦发生人口迁移和流动,通常会牵动整张网络,产生与父母、兄弟姐妹、同村的老乡等集体迁移的行为。在陌生的城市里,这种链式迁移有助于增强进城务工的农民工的归属感,帮助他们重新社会化和融入城市。个人关系网络通常建立在过去的经验和互动的基础上,很多农民工倾向于在他们的亲戚、朋友、邻居及原来的村落中寻找和重建个人关系网络,以此作为城市适应的手段。这种嵌入性的关系网络能够产生信任和理解,从而降低不确定性和交往成本。除了提供经济性的或工具性的支持,由于共同的生活经验、作为工友和朋友而产生的依附感等,它还能为关系成员提供情感上或心理上的支持,使个体更好地应对各种社会压力。马克·格兰诺维特(Mark Granovetter)区分了关系嵌入性和结构嵌入性,前者指经济行动者彼此之间的个人关系,它包括规范性期待、为一致性做出的共同努力及互惠性交

---

① Laurence J,Ma C,Xiang B. Native place,migration and the emergence of peasant enclaves in Beijing[J]. The China quarterly,1998(155):557.

② 刘祖云,孔德斌. 共同体视角下的新农村社区建设[J]. 学习与探索,2013(8):59.

易等;后者指这些行动者所属的更加宽泛的社会关系网络。① 后来的社会资本理论进一步深化了格兰诺维特的嵌入性观念,行动者理性的经济行动通常嵌入在社会结构中。就农民工群体而言,他们的经济嵌入性和社会嵌入性是一种双重的过程。也就是说,结构嵌入性并不是简单的经济过程。一方面,农民工在经济上嵌入地方性的劳动力市场,社会关系和社会网络会影响他们的经济行为;另一方面,结构性嵌入也是一个社会文化过程,即农民工社会性地嵌入地方性的城市社会。劳动力的人口迁移具有重要的文化和社会后果,而这反过来又结构化了迁移过程。经济因素和社会文化因素相互依赖、共同决定了农民工对当地社会的结构性嵌入。

与这种链式迁移相关的一个问题是,新生代农民工的职业伦理正在逐渐发生改变。这其中最主要的表现在于,传统乡土社会网络对新生代农民工的影响在降低,他们在城市的经历助推其构建起新型的城市社会关系网络。其中,城市的职业和城市居住场所对他们社会网络的重组作用巨大。② 尤其是新生代农民工对初级社会资本的依赖强度要明显小于第一代农民工。在社会资本的构建上,新生代较上一代更注重次级社会资本的构建,他们更倾向于尝试使用弱关系的力量。③ 与上一代相比,新生代农民工群体具有较高的人力资本。④ 在以生存为目标的低层次迁移阶段,迁移人群依靠强关系降低交易成本和心理成本,行动具有情感的意涵。但在以发展为目标的高层次迁移阶段,迁移人群更多地依赖异质性强、具有制度性因素的弱关系,并运用选择策略使弱关系转变为强关系。在新生代农民工建构自身生活世界的过程中,工具理性开始占据主导地位,并由此建立了将目标和动机两者统一起来的行为

---

① Granovetter M. Economic action and social structure: the problem of embeddedness [J]. American Journal of Sociology,1985,91(3):481-510.

② 齐心. 延续与建构:新生代农民工的社会网络[J].江苏行政学院学报,2007(3):74

③ 白小瑜.新生代农民工的社会资本[J].湖北民族学院学报(哲学社会科学版),2006(1):148.

④ 王兴周.新生代农民工的群体特性探析——以珠江三角洲为例[J].广西民族大学学报(哲学社会科学版),2008(4):51.

结构。① 在这种新的职业伦理中,原先像父辈们那样的单纯经济上的诉求已经无法满足新生代农民工的需要,换句话说,挣钱已经不是他们进城流动的唯一目标。如今,他们更多地试图寻求平等的公民身份,这其中包括各种社会需求和文化需求等,新生代农民工更多地希望在城市社会中实现自我价值,与父辈们相比,他们的都市适应能力也更强。即使新生代农民工将自己看作暂时的都市寄居者,但他们与城市之间形成的纽带关系已经越来越密切。随着新生代农民工的社会责任感和对城市依附感的增强,他们正越来越多地倾向于嵌入城市社会,这种社会性嵌入成为当代新生代农民工的重要特征。

另外需要指出的是,以"关系"为基础的群体固然能够在经济上、精神上促使农民工群体迅速适应新的城市环境,使他们能够在遭受各种社会歧视、偏见和排斥的环境下投入工作,但这种关系型的社会资本也会影响农民工对城市社会的感知,并阻碍农民工的城市融入。因为以初级关系为基础的社会网络阻碍了次级网络的形成,"强关系"容易产生以自我、以家为中心的小团体。而且,农民工的社会资本由于同质性强、水平低,很难向外进一步拓展和延伸。也就是说,强关系的资本也具有负面作用,它在产生收益的同时也具有隔断作用,而其主要目的是防止陌生人或外人获得属于该小团体的关系资源。特定群体从关系资本中获益是以限制和牺牲内部个体的自由为代价的,并对个体的创造力和个性产生压制。② 在农民工融入城市的过程中,关系型社会资本的作用呈现出边际效用递减的趋势,因此,它无法成为农民工融入城市的主导力量。③

二、社会整合与共同体理论

关于城市融入的理论包括社会资本理论、社会排斥理论、文化冲突理论、

---

① 熊凤水,慕良泽.农民工城市适应:层次及其转型——基于社会关系理论的分析[J].调研世界,2007(7):11.
② 张文宏.社会资本:理论争辩与经验研究[J].社会学研究,2003(4):23.
③ 李爱芹.社会资本与农民工的城市融入[J].广西社会科学,2010(6):142.

社会距离理论和社会认同理论等。二战后，西方学术界普遍认为社会系统只有获得并维持充分的社会整合才能形成持久的秩序并经历不断发展的过程。20世纪五六十年代，在塔尔科特·帕森斯(Talcott Parsons)的结构功能主义思想的影响下，社会学者们对"社会整合"(social integration)的定义和相应的研究主要强调其功能性的一面，并且认为整合的目的是消除社会系统中的冲突与失调。在这方面比较典型的，有鲍格达斯(Bogardus)提出的关于"社会整合"的定义：使各种相异的和冲突的单元变得统一与和谐一致的社会过程，无论这些单元是人格、个体、群体或是更大的社会聚合体的单元。[①] 然而，正如刘易斯·科塞(Lewis A. Coser)等社会冲突论者所指出的，在探讨社会整合时过于强调冲突失之偏颇，因为冲突既能导致群体解组，也会反过来促进群体整合、廓清越轨的边界。事实上，法国社会学家埃米尔·杜尔凯姆(Émile Durkheim)在讨论社会失范时也表达了类似的观点。罗纳德·费尔德曼(Ronald A. Feldman)在《小群体的权力分布、整合与遵从》("Power distribution, integration, and conformity in small groups")一文中区分了三种类型的社会整合，它们分别为：人际整合(interpersonal integration)、功能整合(functional integration)和规范性整合(normative integration)。[②] 具体而言，"人际整合"是建立在群体成员之间的互惠性偏好基础上的群体整合方式。"功能整合"是指不同类型的功能之间形成一个共生、共栖的系统，这些群体的功能需求主要包括：①目标达成；②模式维持和紧张管理；③处理外部关系。功能整合涉及群体成员之间的专业互补，以及有效地履行其不同的功能。而"规范性整合"则类似于道德整合，即所有的群体成员都接受并践行一整套道德规范，它能够弥合群体内部的摩擦与冲突，群体生活亦是围绕着这些共同的道德规范(目标和价值)进行组织的。在社会学领域，"规范"通常是指被一个群体中的所有或大多数成员所共同接受的行为规则。作为群体整合的一种

---

① Bogardus E S. A race-relations cycle[J]. American Journal of Sociology, 1930, 35(4):612-617.

② Feldman R A. Power distribution, integration, and conformity in small groups[J]. American Journal of Sociology, 1973, 79(3):639-664.

方式,规范性整合涉及群体成员对诸多与该群体相关联的行为所达成的共识程度。规范性整合并不一定表明群体成员之间存在强烈的情感纽带;相反,规范的确立很可能是为了消除情感性关系。此外,豪斯(House)、恩伯森(Umberson)和兰蒂斯(Landis)在探讨社会支持的结构和过程时区分了社会关系的三个维度,即它们的数量和质量、它们的形式结构及它们的功能性内容,可分别称之为"社会整合"、"社会网络"和"关系性内容"。① 在他们看来,关系性内容包含三种类型:①社会支持,涉及情感性或工具性地维持社会关系的质量;②关系性需求和关系性冲突,主要涉及社会关系的负面的或冲突性的方面;③社会管控,即社会关系质量的控制与管理。社会整合和社会网络代表了社会关系的结构,而社会支持、关系性需求及关系性管控则是社会过程,通过这些社会过程,结构才得以发挥它们的功能。这些社会结构和过程反过来又通过更加微观的生理、心理或行为过程而产生促进或阻碍的作用。

与社会整合理论密切相关的是共同体理论,关于这方面的研究由来已久。在社会学领域,对"共同体"的系统性阐述可以追溯到德国社会学家斐迪南·滕尼斯提出的"共同体"和"社会"这一对立范畴。滕尼斯认为,共同体源于人的本质意志,是结合的本质意志的主体;而社会则源于人的选择意志,是结合的选择意志的主体。② 本质意志是个体或群体自身所拥有的属于他或他们力量的东西的总和,这种结合是通过各种主体的记忆过程和良知来实现的。而选择意志则指"一个人是什么及一个人拥有什么的一切,他通过思维决定它们的状况与变化,理解依附思维并通过意识来掌握"③。在滕尼斯看来:

> 本质意志的各种形式总是以较强或较弱的方式活动着和发挥作用,因为它们属于生命;但是,在出现一些与它们相关的内容被考虑

———————

① House J S,Umberson D,Landis K R. Structures and processes of social support[J]. Annual Review of Sociology,1988(14):293-318.

② 斐迪南·滕尼斯. 共同体与社会:纯粹社会学的基本概念[M]. 林荣远,译. 北京:北京大学出版社,2010:200.

③ 斐迪南·滕尼斯. 共同体与社会:纯粹社会学的基本概念[M]. 林荣远,译. 北京:北京大学出版社,2010:201.

和供选择的机会时,它们作为动机就以坚定的方式出现。这个内容尤其是由准则和规律组成的,准则和规律可能从普遍的和不确定的东西形成特殊的和肯定的东西。……因此大体上,遵循它的思想意识,它的性情,它的良知,遵循这些内在的规则,并照此行事;或者听从外在的规则,这些规则可能是它通过它自己的努力、它自己的计算、它自己的悟性先前确定的:只有在这个范围内,意志是自由的,能把握住自己。①

任何社会的关系都表现着一种先在的、人为的、非自然的可能性。社会被设想为一个能发挥作用的功能整体,它拥有自己的法,但这种法是由其原始的、作为它们的选择意志的材料所派生和构成的。而共同体的求生意志和求生力量源自它的本性,它也有属于自己的法。由此,滕尼斯提出了两种对立的法的原则体系:在共同体的法的体系里,人作为一个整体的成员,他们相互间存在天然形成的关系;在社会的法的体系里,个体之间是完全独立的,只有通过各自的选择意志才形成相互间的关系,详见表 2-1。②

表 2-1　共同体与社会的属性比较

共同体	社　会
本质意志	选择意志
自我	个人
占有(共享)	财富(交换)
土地	货币
道德	经济
情感	功利
社区	市场
家庭法	债务法

① 斐迪南·滕尼斯.共同体与社会:纯粹社会学的基本概念[M].林荣远,译.北京:北京大学出版社,2010:170.

② 斐迪南·滕尼斯.共同体与社会:纯粹社会学的基本概念[M].林荣远,译.北京:北京大学出版社,2010:200.

续表

共同体	社　会
有机结合	机械结合
家族经济:基于中意	商业经济:基于算计
农业耕作:基于习惯	工业:基于决定
艺术:基于记忆	科学:基于概念
家庭生活＝和睦(主体:人民)	大城市生活＝惯例(主体:整个社会)
村庄生活＝习俗(主体:公团)	民族的生活＝政治(主体:国家)
城市生活＝宗教(主体:教会)	世界主义的生活＝公众舆论(主体:学者)

共同体与社会之间存在对立的、替代性的张力关系,因为选择意志倾向于瓦解本质意志,并使之依附于自己。人类历史经历了"从原始的、共同体的生活形式发展为社会形态的过程,即从人民的文化到国家的文明"[①]。滕尼斯对这种发展趋势抱着悲观和批判的态度,在《共同体与社会:纯粹社会学的基本概念》一书的结尾,他不无悲凉地写道:

> 因此,大城市和社会的状态从根本上说是人民的毁灭与死亡,人民一般都致力于通过它的人多势众变为强大,而且像它所想象的那样,它的权力只能用于暴动,倘若它想摆脱自己的不幸的话。广大群众由于得到丰富多彩的教育,通过学校和报纸得到的教育,他们觉醒了。他们从阶级觉悟上升为阶级斗争。[②]

自从滕尼斯在共同体与社会之间做了区分之后,社会学家区分了两类不同的群体:一类是通过亲属关系、族群和宗教归属而将个体联结在一起;另一类则是出于商业或政治等功利主义的目的而将个体联结成关系较为松散的群

---

① 斐迪南·滕尼斯.共同体与社会:纯粹社会学的基本概念[M].林荣远,译.北京:北京大学出版社,2010:259.

② 斐迪南·滕尼斯.共同体与社会:纯粹社会学的基本概念[M].林荣远,译.北京:北京大学出版社,2010:265.

体。共同体是一种"浓厚"(thick)的关系,它建立在亲属关系和文化的情感纽带的基础之上;而社会则是一种"淡薄"(thin)的关系,它建立在实用主义或其他权宜性情境的基础之上。共同体和社会之间的二分法"既是一种关于历史进化论的概化,也是一种关于行为特征的类型学。从历史进化论的角度来看,共同体到社会象征着从中世纪状态进化到现代主义、从农业经济进化到自由市场经济,以及从乡村进化到都市社会"①。这种二元划分勾勒出了人类关系的进化特征。

帕克·格斯特(Park D. Goist)曾指出,自从内战以来,美国人的生活主题之一便是"寻找共同体"。② 在很多美国人看来,共同体的生活具有这样的品质:信任、亲密、随意、共享、平等参与公共生活、自由,以及诚实和辛勤劳动的价值观念。罗莎贝斯·坎特(Rosabeth Kanter)在关于美国的公社与乌托邦的经典社会学研究中区分了建构共同体的三种主要动机:希望按照某种宗教的和精神性的价值观念而生活,希望通过治愈社会的经济和政治病症而进行改革,希望实现个体"社会心理的成长"。③ 这些动机大致对应于美国历史上的三股社群主义,它们分别是:从殖民地时代到1845年出现的宗教性的增长,从1820年到1930年出现的对经济、政治问题的聚焦,二战后对社会心理动机的关注。这一时期,对共同体的理想化通常超越了宗教和世俗的边界,它的特性包括:①人的完善性,即普通的社会将对人造成侵蚀,而共同体生活能够挽救人的完善性;②秩序,试图通过一种有序的生活摆脱现实社会中混乱和无目的的活动;③兄弟情谊,一种共享责任、工作甚至财产的伦理;④和谐,精神和肉体的整合,它是秩序在社会心理上的延伸;⑤试验,不仅参与共同体的行为本身是一种试验,而且共同体本身如何运作也是一种试验;⑥群体凝聚力,即产生一种归属群体不同于外部世界的感觉。④

---

① Robinson G O. Communities[J]. Virginia Law Review,1997,83(2):275.

② Goist P D. City and community: the urban theory of robert park[J]. American Quarterly, 1971,23(1):46.

③ Robinson G O. Communities[J]. Virginia Law Review,1997,83(2):278.

④ Robinson G O. Communities[J]. Virginia Law Review,1997,83(2):279-280.

在关于城市共同体的研究中,另一个重要人物是美国社会学家罗伯特·帕克(Robert Park)。从 20 世纪的 20 年代到 40 年代,芝加哥学派的城市社区研究产生了重要学术与政策影响力,他们的很多研究都旨在处理都市与共同体之间的关系。如同约翰·杜威(John Dewey)和简·亚当斯(Jane Addams)一样,帕克对 20 世纪的美国城市持保留态度,但与他们不同的是,帕克试图在急剧膨胀的都市世界中重建共同体。1925 年,帕克曾这样写道:"在历史上,美国人的生活背景是村落共同体。但是,随着大城市的发展……以家庭、邻里以及地方共同体为代表的各种原有的社会控制的形式逐渐被破坏,它们的影响被极大地削弱了。"①在帕克看来,地方性共同体应该成为都市有机体的重要构成部分。他认为,紧密结合的、具有很强凝聚力的移民共同体具有解决某些都市问题所必需的属性,由此,他呼吁建立一种"新的教区制度"(new parochialism)。帕克以一种怀旧之情回顾了人类的部落和氏族时代,试图在新的都市环境下复兴某些古老的传统要素。作为一个都市研究领域的现代社会学者,帕克当然并不是要完全复古或回到过去,而是设法将传统生活形式及其功能与现代生活的关联形式相结合,因此,他提出了"作为一个有机体的城市"的观念。帕克关于都市的研究深受德国社会学家乔治·齐美尔(Georg Simmel)的影响,齐美尔在柏林大学的讲座给予了帕克极大的启发。齐美尔研究兴趣颇为广泛,其中群体、社团和社会互动如何影响个体是他的重要关注点之一,而这也正是帕克所关心的问题。1903 年,齐美尔发表的重要论文《大都市与精神生活》明确地探讨了都市性。帕克认为,个体主要通过群体中的参与行为赋予生活以意义。但是,如果个体的世界发生了改变,如从乡村移居到城市,那么其交往的基础也就发生了改变。② 因而,作为有机体的都市就需要重建被现代性生活扰乱的各种社会关系。帕克并不是对小规模共同体的时代一去不复返而感到绝望,而是设法在工业化的大都市中寻找新的、超共同体的

---

① Goist P D. City and community: the urban theory of robert park[J]. American Quarterly, 1971,23(1):53.

② Goist P D. City and community: the urban theory of robert park[J]. American Quarterly, 1971,23(1):50.

情谊和联结关系。也就是说,帕克并不是反大都市,而是在城市和共同体之间寻求一种对话。为此,帕克用"有机生态学模型"来研究城市,以解释城市生活及其社会组织具有的独特性。他认为人类社会是通过两个不同而又相互依赖的层次组织起来的。一个是共生性层次,在该层次,人类与有机自然界是共享的,其特征是充满着生存性竞争,遵循"适者生存、不适者淘汰"的原则,这为不同的有机体在紧密的联系中实现共生提供了生物学基础。在某种程度上,城市也是如此:无数的人们依照共生关系而生活在不同的功能区域中。另一个是文化层次,它使人类组织区别于植物和动物,人际沟通使协商一致的行动成为可能。

20 世纪 70 年代之后,随着美国结构功能论的式微,冲突论逐渐占据不同的学术场域,这种学术思潮的转变也直接影响到关于社会整合与共同体的研究。1972 年,弗雷德里克·贝特茨(Frederick Bates)和劳埃德·培根(Lloyd Bacon)提出了冲突论视角的共同体模型,他们视共同体为一种社会系统,也即对共同体结构、行为和过程的研究聚焦于间质性(interstitial)群体,这些间质性群体起着将各个基础性群体(elemental groups)和复杂组织联系起来的纽带作用,从而使之形成共同体系统。在间质性群体内部,各个具有潜在冲突性质的群体和组织之间发生着社会交换和合作。在贝特茨和培根看来,劳动分工导致了共同体系统的结构和基础性群体之间的社会交换,这个过程是在包含着联结关系的"间质"中实现的,而且也正是在这里,冲突得以管控,复杂的社会系统从而能够顺利地运作。在共同体的冲突论视角看来,共同体是一个竞争性系统,它的内部充满了各种冲突性行为,私人利益经常凌驾于共同利益之上,私人目的遮蔽共同体目标,并且由于相互依赖的需要而经常产生剥削和敌意,而并不是相互之间的信任、合作与协助。但是作为一个复杂的社会系统的共同体,它所具有的结构性特征使其能够管控这些冲突,以及交换社会产品所必须的竞争。具体特性见表 2-2。①

---

① Bates F L,Bacon L. The community as a social system[J]. Social Forces,1972,50(3):371-379.

表 2-2　共同体内部间质性群体的类型及其功能

群体类型	共同体过程或功能展演
任务导向的或行政性的	指向或聚焦于共同体的活动
司法的	裁决争端
立法的	制定规则以管理冲突过程
压力	聚焦于特定组织的交换行动者
缓冲	吸纳或驱散对特定组织具有潜在破坏作用的冲突

20 世纪晚期以来,西方学术界重新兴起了关于共同体思想的探讨,"共同体"(community)这个术语充斥在社会政策、学术圈、大众文化及日常生活的社会互动之中。① 大体而言,这一时期的学术界关于共同体的思想经历了某些重要的转变,主要体现在以下四个方面。①这一时期的共同体研究者不再将共同体视为自然发生的、自成一体的、自在自为的空间实体或非政治化的范畴,而是将它视为一种政治建构物。也就是说,共同体既是政治行为的组织原则,也是一种理解政治的意义系统,是政治参与和竞争的场域;反过来,这些场域又催化了各种社会与政治身份的诞生,它们又积极地介入当代现实。②共同体不仅仅是一种认知性的建构,还充满着情感和价值意义。③共同体并非一个空洞的分类范畴,而是一种经验事实。④共同体并没有在现代社会中彻底消亡,在更加自由的社会中,人们反而经常会退回到共同体状态。而且现代社会重建共同体的意图从来没有消逝过,人们试图通过共同体生活以修复日益被社会侵蚀的人的完善性,达到精神与生理的和谐,从而寻求有秩序的、灵肉合一的生活。

三、国家、共同体与个体

自霍布斯和洛克以来,自由主义的政治理论家就一直在探讨国家与个体之间的关系,在社会学领域,相应的结构与行动之间的关系则是一个古老而持

---

① Collins P H. The new politics of community[J]. American Sociological Review,2010,75(1):7-30.

久的话题,从古典到现代的诸多社会理论家一直在关注个人与社会、行动与结构之间的关系问题。皮埃尔·布尔迪厄(Pierre Bourdieu)的"场域—惯习理论"、安东尼·吉登斯(Anthony Giddens)的"结构两重性"及杰弗里·亚历山大(Jeffrey Alexander)的"新功能主义"等,都试图重新弥合传统社会学研究中行动与结构之间的断裂。在这方面,共同体是调解国家与个体关系的重要切入点。对此,阿米塔伊·埃齐奥尼(Amitai Etzioni)在 1996 年美国社会学协会的主席演讲中提出"反应性共同体"(responsive community)的概念,并明确表明这是一种"社群主义的视角"(communitarian perspective)。在埃齐奥尼看来,共同体可以在社会对秩序的需求和个体对自主性的需求之间寻找一种共生性的平衡,换句话说,它能既维持社会秩序又捍卫个体自主性,从而使作为个体的社会成员间不至于出现混战和暴力犯罪,同时又不会对他们产生强制性的压迫。为了实现这一目标,"反应性共同体"需要对其成员的真实需求做出回应,而这种回应应充分考虑该共同体的历史与现实处境。而与之对立的自由主义的视角则假定个体行动者是"完全成形的"(fully formed),并且他们的价值偏好不仅先于而且外在于任何社会。自由主义者强烈反对"共享价值观"或"公共物品"这样的思想观念,认为它们通过拒绝集体目标的需求并依赖于个体偏好(这些偏好是由个体自主形成的,与共同体无涉)的聚合,一劳永逸地"解决"了秩序问题。以新集体主义为哲学基础的社群主义不同于自由主义和个体主义,它的一个基本观点是在社会纽带或文化之外并不存在独立完整的个体。[①] 在社群主义者看来,自由主义忽略了因社会缺失可能产生的负面作用,人们对社群生活有着本能的依恋感和需求,个体难以彻底脱离社会本身进行理性地推断,社会成员之间亦会不断地互动。

　　在我国历史上,共同体现象曾经非常普遍。珠三角、长三角等商业较为发达的沿海地区就一直存在诸如同乡会、商会、职业行会,以及其他各种类型的民间组织,它们在都市社会中形成不同类型的功能性团体,这些组织在移民群

　　① Etzioni A. The responsive community: a communitarian perspective[J]. Social Science Electronic Publishing,1996,61(1):1-11.

体中重构他们的文化、身份以及在劳动力市场中的角色。在明清和民国时期，上海、广州、汉口等大城市都存在大量的会馆、公所、联谊会和同乡会之类的团体，而且这类民间组织受到国家和地方政府的支持，因为它们为解决各个不同的地域群体内部或之间的事务提供了协商机制。在早期的中国城市中，具有相同籍贯的城市移民就倾向于聚居在一起，营造一种与家乡类似的文化环境，并提供就业、娱乐、宗教及其他各种社会活动。这种传统一直延续至今。但是，19世纪末20世纪初的农民在城市形成的社团组织与今天的农民工群体存在很大的不同，其中一个根本性的区别在于，在早期城市，移民的活动受地方性组织的管控，而这些地方性组织（如会馆、公所及同乡会等）深深地扎根于城市，它们是传统城市社会的基本组织单元，甚至是城市治理体系的组成部分，履行着各种管理职能。这些团体和组织在城市的经济、社会和政治领域具有不可忽视的影响力。① 例如，早期城市中的同乡会不仅帮助具有相同籍贯的个体定居、经商或解决其他个人问题，而且还以各种方式支持家乡。此外，它们甚至还代表国家执行诸如征税、赈灾救灾等重要的职能。有些移民群体还能够筹建民团用于自我防御，并且利用它们强大的当地人脉维持社会秩序。这些群体或团体是一种自组织形式，通常以地缘、业缘、血缘等为基础，群体内部的同质性程度较高，它们参与管理基层社会。尽管存在不同群体、团体与派别之间的矛盾和冲突，但是在一般情况下，无须国家力量的介入而能够自我解决。因此，对于弱国家、强社会的格局而言，这类共同体的存在有利于国家对社会的间接控制。但是在新中国成立以后，这些地方性的政治—经济组织在很大程度上被弱化甚至取缔，独立于国家力量之外的民间组织力量极其微弱。当代城市的农民工群体（即使是同乡会），它们的结构通常较为松散，大多缺乏严格的组织等级体系，它们主要是通过个人的亲密纽带来建立联系。从严格意义上而言，它们只是一些暂时的、非正式的组织，其功能主要是经济性的而并非政治性的。更重要的是，农民工群体也难以形成如同早期职业行会那样

---

① Laurence J, Ma C, Xiang B. Native place, migration and the emergence of peasant enclaves in Beijing[J]. The China Quarterly, 1998(155):578-579

的组织从而对城市社会产生重要的影响,他们在政治上是无力的,甚至没有机会在城市永久扎根或拥有合法的社会地位,他们也未能像早期的移民群体那样参与民主化的进程。

从某种意义上讲,我国在现代化进程中出现的农民工问题集中反映了国家权力与个体之间的张力。国家、共同体和个体之间互动关系的一个实例是农民工子弟学校。由于城乡二元体制的割裂,国家在制度上并未接纳和承认在城市的农民工,因此,政府最初认为没有义务为农民工子女提供学校教育。但是,随着农民工进城数量的日益庞大,以及市场对底端劳动力需求的增加,政府又不得不面对这个问题,最终它默认非官办的组织和个人为农民工子女提供教育。由于政府和制度的缺席,20世纪90年代初期出现了很多民办性质的农民工子弟学校,这些学校的主办者大多与政府没有密切的联系,而是通过自己的资源从社会、个体那里筹措资金,为农民工子女提供廉价的基础教育。① 社会各界在道义上、经济上和其他物质或非物质上的支持,才使得这些学校能够坚持办学。最初,诸如北京"行知打工子弟学校"这样的学校都是自力更生的自组织,它们存在于体制之外,其制度合法性仍然存在争议。正是农民工群体本身的悖谬式存在,导致因这个群体直接或间接产生的其他事物也招致合法性的质疑。北京"行知打工子弟学校"尽管被教育部门默认,但同时也被城管、公安等部门视为社会不安定因素而屡受干扰。由于政府职能的缺失,农民工子弟学校很快受到市场化的入侵,各种力量鱼龙混杂,办学动机变得趋利化,许多办校者唯利是图,办学条件十分简陋,存在不少卫生、安全隐患,从而影响农民工子女的受教育质量和身心健康。② 正是在这种情况下,国家对农民工子女教育问题的态度终于逐渐明确。2001年,《国务院关于基础教育改革与发展的决定》首次提出解决农民工子女义务教育问题的"两为主"原则,即"以流入地区政府管理为主,以全日制公办中小学为主"。2003年1

---

① Kwong J. Educating migrant children: negotiations between the state and civil society[J]. The China Quarterly,2004,180:1073.

② 胡杰成.农民工市民化研究[M].北京:知识产权出版社,2011:172.

月发布《国务院办公厅关于做好农民工进城务工就业管理和服务工作的通知》,首次提出农民工子女与当地学生"一视同仁"的原则。2006 年 1 月,《国务院关于解决农民工问题的若干意见》进一步要求将农民工子女义务教育纳入地方政府的教育规划,经济困难的农民工子女纳入"两免一补"范围。① 此后,全国各地的城市逐步减少、取消针对流动人口子女的借读费,公办学校开始向农民工子女敞开大门。地方政府也从此有法可依,得以对那些不合法、混乱的农民工子弟学校进行规范、清理和整顿。在农民工子弟学校的例子中,国家的力量最初是缺失的,也并没有相应的规范,也即关于农民工子女的受教育权处于"制度空白"的状态。但是,随着个人、自组织和市场等力量的先后介入,政府不得不出台规章制度。这个由国家、共同体、市场和个体等多主体构成的互动过程也是制度如何形成的过程。

关于国家、共同体和个体之间互动关系的另一个例子是北京南郊的"浙江村"。在某些情况下,进城的外来人员能够通过政治、经济等各种手段在城乡接合部建立属于自己的生活空间,从而形成一块块都市"飞地",它们处于地方政府"似管非管"的灰色状态,在北京以温州人为主体的"浙江村"便是这样的社会空间。然而,当上级政府决定收回这些新产生的社会空间时,尽管会遭遇人们的极力抵抗,但是政府通常能够达到它的目的。从这种意义上而言,20世纪 70 年代末改革开放以来开启的社会转型进程,并不是纯粹的西方话语中的市场资本主义的胜利,空间的社会生产和政治权力之间存在微妙的博弈关系。② 20 世纪 90 年代末,北京市政府不顾各种阻力强制性地拆除丰台区的"浙江村",政府的行为便充分印证了这个观点。在政府看来,这种特殊的空间形式产生了自成一体的地方权力体系,而这被认为超出了官方的控制和容忍范围,尽管其借口是"浙江村"影响了北京作为旅游目的地的都市形象。通过拆毁村落空间及其共同体,国家象征性地又重新恢复了它在地方的权力,并重

---

① 陈宇鹏. 新生代农民工城市融入的职业教育与培训体系建构[J]. 佳木斯教育学院学报,2012(4):362.

② Zhang L. Migration and privatization of space and power in late socialist China[J]. American Ethnologist,2001,28(1):180.

建了空间秩序。国家从最初的缺位到最后的强势出场,在这里,我们看到空间成为社会与共同体、个人之间政治斗争的结点。

第二节　五种支持模式及其比较

从上文的论述中,我们知道除了户籍等制度性因素之外,血缘关系、地缘关系、迁移经验、社会经济条件、生活方式、价值理念、行为模式及社会角色等,都会不同程度地影响移民的社会融入。我们通常认为,社会支持的类型包括工具性的和情感性的,而支持的资源则包括垂直代际的(如父母与子女之间)和水平的(如其他亲属、朋友和邻里等)。我们也可以将支持分为私人支持和公共支持这两种类型。① 在本研究中,将因个体的纽带关系而提供的住房、职业等称作"个人支持";而由国家和地方政府层面提供的社会支持,如公共医疗、廉租房以及农民工子女的教育等,称为"公共支持"。本研究是从社会学的意义上来理解和阐释新生代农民工城市融入的,具体而言,它是指作为群体的新生代农民工进入城市定居、参与和适应城市生活并最终成为城市主体组成部分的心理和社会过程,它包含了经济融入、政治融入、文化融入及心理融入等方面。在已有的研究中,学者提出与社会融入相关的概念包括社会适应、社会同化、社会吸纳、文化整合及社区融合等,这些术语及其相应的理论范式都从不同的角度阐述了外来迁移人口在当地的融入与整合。从本质上来讲,探讨新生代农民工城市融入的支持类型,其实是在寻求社会团结和社会整合的方式。因此,本研究根据支持资源来源的不同而将新生代农民工城市融入的支持方式分为五种模式,即个人支持模式、自组织支持模式、公共部门支持模式、市场支持模式和社区支持模式。

---

① Hao L. Private support and public assistance for immigrant families[J]. Journal of Marriage and Family, 2003,65(1):36-51.

一、个人支持模式

在改革开放之初,乡城流动处于初始阶段,市场经济处于萌芽状态,在国家层面上也没有具体的针对流动人口的社会融入政策。在这个时期,农村人口是以个体化的形式试探性地往城市流动,他们是制度化意义上的边缘人,在都市的各个角落里从事底端的行业,它们被称为"散工"或"非正式就业人口"等。他们通常凑合着居住在工地、宿舍或简陋的出租屋里,等工作完成之后便返回农村老家。这其中有不少人是举家流动,尤其是已婚夫妇,很多都是妻子带着孩子跟随丈夫到城里打工。本研究将这种以个体或其所属的核心家庭为单位的农民工城市融入的支持模式称为"个人支持模式"。从某个角度来看,个人支持模式下的劳动力是充分自由的,他们在个体理性的驱使下能够采取优化的选择方案,使劳动力最优化。因为农民工不必局限于某个特定的地域,在劳动分工不是非常明确的底端就业领域,他们甚至不必束缚于特定的工种。在急剧变迁的社会中,个体化能够释放出一定的劳动创造力。在个人支持模式下,新生代农民工个人的禀赋,如信息选择、职业技能、市场知识、城市感知,以及强烈的成就动机等,都会影响他们在城市的竞争和融入。[①] 从某种意义上而言,个人支持模式可以说是小农经济在城市社会的自然延伸。小农经济是在以自然经济为基础、家族血缘为本位的前现代化环境中形成的,是传统农业社会和民族国家在相对封闭状态下的产物,自给自足是小农经济形式的重要特征之一。[②] 这种自我封闭性、自足性,以及由此产生的对底端就业市场的灵活适应也是个人支持模式下新生代农民工在城市的生存特点。

在个人支持模式下,农民工群体中会自然地产生一些领导者,他们经常通过控制住房和市场空间,并通过动员传统的社会网络来确立他们的权威。这些领导者一般动员三种类型的传统网络来确立和巩固他们的权力与影响力,

---

① Kossoudji S A. Immigrant worker assimilation: is it a labor market phenomenon? [J]. The Journal of Human Resources, 1989,24(3):494-527.

② 袁银传. 小农意识与中国现代化[M]. 武汉:武汉出版社,2008:261.

它们分别是亲属关系(血缘关系)、地缘网络,以及与地方性的国家代理人之间形成的庇护关系。① 科层制的权力关系在很大程度上建立在非个人的规则、法律规范和官方正式任命的基础上,在国家力量缺席的农民工群体中,权力关系的形成则遵循另一条路径,即亲属关系在地方性群体的权力格局中扮演着重要角色,它为群体权力的形成提供了有效的社会基础。农民工群体中领导者的作用包括从当地人(或地方政府)那里获取土地建造临时的安置房、为从事规模经济募集资金、为新的安置点获取生活必需品(如水、电等),以及解决日常纠纷、在警察和农民工之间进行斡旋,诸如此类。这些领导者(或者"政治掮客")与控制着土地、资源和执行法规的地方官员、警察及当地居民之间具有特殊的联系,他们能够比地方政府更好地为农民工群体提供各种形式的安全与保护。农民工群体中领导阶层的形成和联合是对效率低下的国家做出的直接回应,在基层社会的实际运作中,这些农民工的领导者代替地方政府的角色,从而在特定区域(如农民工的定居点)提供实质性服务。这里之所以将农民工群体中具有卡里斯玛型的领导者归入个人支持模式,是因为这些农民工只是"群体",而并未组织化,并且农民工领导者不是以组织的名义提供支持,而是凭他个人的能力。

个人支持模式是一种相对简单的自我支持方式,它具有灵活性、随意性的特点,但是个体的力量薄弱而且分散,在农民工遭遇权益侵害的情况时往往难以维护自身的合法利益。与此同时,个人支持模式对作为支持主体的个体有一定的能力要求,包括社会认知、信息获取和处理、个人职业技能、文化适应和沟通交流等。社会学认为个体是一种社会人,而非原子化的存在,也并不是完全自足的。"自足个体"这一观念,最终意味着一切人与人之间相互义务的消失,这就是新自由主义必然会危及福利国家的缘故。② 农民工群体中领导者的产生也表明个人支持模式在一定程度上离不开关系和网络。

---

① Zhang L. Migration and privatization of space and power in late socialist China[J]. American Ethnologist, 2001, 28(1):179-205.

② 乌尔里希·贝克,伊丽莎白·贝克-格恩斯海姆.个体化[M].李荣山,范譞,张惠强,译.北京:北京大学出版社,2011:30.

二、自组织支持模式

大量的研究表明,农村人口是以小群体而非个体化的形式流向城市的,在城市落脚的地方,他们也往往与其他一些老乡共同居住、生活,结成一个基于地缘的共同体。"老乡关系是地缘关系的重要组成部分"[1],在陌生的、无依无靠的城市,基于地缘的天然联系成为农民工重要的关系纽带,这些共同体的成员具有类似的生活经历,并且在情感上依附于共同的出生地。在这种休戚与共的共同体中,成员共享着工作、生活和情感,并且产生强烈的"我群"与"他群"意识。以血缘关系、宗族关系和地缘关系等纽带为基础,自发地形成宗族、地缘和业缘等组织,本研究将此类支持模式称为"自组织模式",比较典型的有"同乡会"、"民间工会"和"互助社"等。正是以户籍制度为主的,以及与之相关的一系列制度性歧视导致的边缘化状态促使农民工在同质性的群体内部寻找支持,从而以血缘、地缘等天然纽带为轴心而进行自我组织。这些自组织形式具有社会支持网络的作用,帮助农民工适应城市生活、介绍工作、缓解情感和精神压力、化解冲突及提供信任等。它们形成了一个个相对独立于城市社会的"小世界",维护着作为"外来者"的农民工的切身利益。

基于血缘、地缘和业缘等关系的流动是我国农民工迁移的重要特征之一,这也表明农民工进城务工具有规律性和经济理性,他们并非所谓的"盲流"或非理性的流动。[2] 诸多经验研究表明,农民工在对流入地的就业前景不明朗的情况下不会盲目无序和无组织地进城,因为在城市处于失业状态的等待与长时间地寻职需要付出大量的成本。因此,在通常情况下,农民工都是通过亲朋好友关系事先确定具体的工种、获得关于城市的各种信息,在这一切安排妥当之后才会进城,而且很多都是以集体(包车)的形式前往城市的工作地点。

---

[1] Laurence J,Ma C,Xiang B. Native place, migration and the emergence of peasant enclaves in Beijing[J]. The China Quarterly, 1998(155):562.

[2] Laurence J,Ma C,Xiang B. Native place, migration and the emergence of peasant enclaves in Beijing[J]. The China Quarterly,1998(155):560.

在"民工荒"的背景下,很多企业还会前往劳务输出地招募当地的劳工。同时,老乡或周围的村民对进城务工的观念也会形塑潜在务工人员的行为。也就是说,在进城之前,农民工已经对流入地城市有一定的了解,进城之后又以老乡聚居的形式迅速安定生活,能够尽快投入工作。农民工诉诸传统的社会网络来增强他们的力量,通过具有较强同质性的关系网络不断地扩大他们的社会资本。随着现代性的增加,这种社会网络的形式和性质也在发生变化,它可以将亲属关系、地缘网络、兄弟情谊和商业化、私人资本,以及与当地人和政府官员之间的庇护关系结合起来,从而创造一种既传统又现代的网络资本。[1]

自组织支持模式的优点是较为自由和灵活,具有很大的自主性,通常不受国家和政府的直接管控,因此,它的社会适应性强,而且是减少政府财政支出的有效方式。自组织支持模式是一种市民社会自下而上的自我生长,而非政府主导的自上而下建构的结果。在争取社会权益和劳动保障的过程中,农民工意识到单薄的个体必须组织起来才能有效地维护自身的权益,这是促使产生自组织支持模式的直接原因。这些自组织不仅能与企业、政府进行谈判,增强了农民工维护权益的能力,而且也增进了他们的集体意识,提高了农民工集体行动的能力。[2]

然而,自组织支持模式尽管在获取资源、工作机会及人际交往等方面能提供有效的支持,但它仍然是一种相对封闭的社会关系网络,这种关系型的资本往往无法使农民工在真正意义上融入城市,自组织恰恰是社会排斥和倒逼导致的结果,更谈不上社会整合。农民工的自组织型支持模式具有以下五个特征,其中很多方面都与城市融入相抵触。第一,农民工的社会支持网络具有明显的小团体特性,由不同职业的农民工构成的社会支持网,它们的团体化程度存在差异。例如,加工制造业的农民工群体的内聚程度普遍较低,而建筑业的农民工群体的内聚程度则相对较高;加工制造业的农民工基于业缘关系形成

---

[1]　Zhang L. Migration and privatization of space and power in late socialist China[J]. American Ethnologist, 2001, 28(1):196.

[2]　胡杰成. 农民工市民化研究[M]. 北京:知识产权出版社, 2011:195.

小团体,而建筑业农民工的小团体则以地缘关系为主要纽带。① 第二,自组织支持模式提供的信息资本较为单一和集中,这导致职业上的集群现象,并很快使就业膨胀至饱和状态。个体嵌入关系网络的程度越深,受该网络的约束和限制也越强,使他们很难从社会关系网络之外获得更优质和多元的资源,从而也就限制了其与外部社会之间的互动与融合。② 第三,这些非正式组织结构相对较为松散,它们更多的是建立在人情、乡情等关系的基础上。从短期和初期来看,自组织支持模式可以起到提供支持和帮助适应的作用,在农民工被带入城市、迅速稳定工作和生活等方面尤为如此,但是它仍然是一种非正式的、非规范性的支持类型。有研究发现,农民工在社会流动之后,其社会支持网的网络规模会显著变小,并以强关系为主。③ 这无疑将对农民工的社会支持网的数量和质量造成影响。第四,农民工的自组织之所以具有支持功能是因为它通常复制了乡村的生活方式和地方性文化,也即在陌生的都市土壤中移植熟悉的文化(包括生活方式、习惯、语言、饮食及社会交往等)这让农民工群体在生活空间上产生了自我隔离,使他们囿于自我的小天地,阻碍了进一步的城市融入。也就是说,在自组织的世界里,农民工似乎无意也无法融入城市社会,甚至对城市、城市人和城市生活方式产生疏离和敌意。第五,由于这些自组织通常聚集而居,形成一块块都市"飞地",形成空间和权力的私有化,给市政当局的管理带来难题。它甚至还可能拉帮结派,很容易成为滋生各种犯罪行为的温床,造成严重的治安问题。一方面,农民工群体内部帮派的形成是为了维护小群体的利益,他们制定有利于自身的新规则,维持新的秩序,因为政府无法为他们提供应有的保护;另一方面,在这些非正式的组织中也容易产生相互排挤、争斗、剥削、压榨,以及暴力和犯罪等问题。在通常情况下,这些帮

---

① 悦中山,杜海峰,李树茁,等.农民工小团体现象的探测与分析:基于社会支持网络的研究[J].社会,2009(2):131.

② 胡书芝.从农民到市民:乡城移民家庭的城市融入之路[M].北京:社会科学文献出版社,2014:23.

③ 李树茁,杨绪松,悦中山,等.农民工社会支持网络的现状及其影响因素研究[J].西安交通大学学报(社会科学版),2007(1):67.

派有着合法的维持生计的来源,这一点与纯粹以偷盗、抢劫、敲诈勒索和贩卖毒品为生的黑社会性质组织有着本质上的不同。①

最后,需要指出的是,良性的自组织支持模式的前提是存在保障个体自由、权益等的各种制度,也就是说,健康的自组织需要成熟的制度环境作为支撑,否则容易产生各种社会问题。个人支持模式和自组织支持模式都属于农民工的自我支持系统,是在缺乏制度性保障的情况下,农民工进行的自我支持、组织和动员。

三、公共部门支持模式

政府公共部门代表国家的力量,它们是规则的制定者,本研究将这些由国家机构提供的支持称为"公共部门支持模式"。在这一模式下,作为支持主体的政府,尤其是全方位、全能型的包办政府,甚至能够渗透到私人的日常生活,因而能够直接管控农民工的城市融入。公共部门主导的支持模式能够从政策法规层面进行管理和引导,制定和实施惠及农民工的各项措施,为农民工的城市融入创造良好的制度平台。例如,建立失业保险、医疗保险和养老保险制度;建立系统的人力资本的供求信息平台,优化劳动力配置;实现同工同酬、同工同福利;规范农民工的劳动合同签订机制,以明确劳动关系和双方的权利与义务;提高农民工参加医疗保险的比例,加大医疗保险投入;对农民工进行就业和创业的培训;完善和落实农民工子女受教育的权利;取消户籍制度,打破城乡二元分割体制,建立城乡一体化的社会保障体系等,从制度上推动农民工社会地位的合法化,解决劳动力供求矛盾,创造更多的就业岗位,完善产业发展结构,提高经济发展的质量。

公共部门支持模式的优点是它具有很高的权威,因此合法性很强。其缺点也很明显,具体表现在:作为主体的农民工参与度不高;容易出现政策滞后、僵化和系统性偏差;过度的行政化、单一的社会资源配置模式往往导致效率低

---

① Zhang L. Migration and privatization of space and power in late socialist China[J]. American Ethnologist,2001,28(1):179-205.

下,并且增加政府的财政负担。例如,尽管近些年来中央政府出台了一系列有力的政策以改变农民工的生存状况,但是地方政府在具体落实这些政策时,仍然以不改变农民工的流动为前提,并不愿意接纳农民工的城市融入,也没有将他们纳入市民化的进程之中,因为这将耗费大量的制度成本和经济成本。虽然这些政策是在现有的行政制度框架下自上而下出台和实施的,但地方政府并不以改革这个制度框架为目的,因此,政策一旦与制度框架相矛盾、冲突,就化为乌有。由于农民工的城市融入将涉及其他各种制度设置和主体利益,而目前的改革并未从根本上触动这些关联性的制度安排。例如,2003 年 9 月,国务院办公厅下发了由农业部、科技部、劳动和社会保障部、建设部、教育部和财政部共同制定的《2003—2010 年全国农民工培训规划》,文件对农民工的职业培训做出了具体部署,并明确了农民工劳动力职业培训工作的目标和任务。2004 年,农业部、财政部、劳动和社会保障部、教育部、科技部和建设部又共同组织实施"农村劳动力转移培训阳光工程"。2006 年 4 月,劳动和社会保障部与国家开发银行联合下发《关于实施农民工培训示范基地建设工程的通知》,共同组织实施农民工培训示范基地建设工程。然而,这些举措的实际效果并不理想,只有不到三分之一的农民工享受到了这些政策,而接受培训的农民工也并未能真正提升其职业技能。[①] 这一方面是由于缺乏充足的资源,另一方面是因为培训机制本身也存在严重的缺陷,如管理部门垄断资源、培训内容与市场需求脱节,以及流入地政府对农民工培训不积极等。随着政府职能的转变、国家的放权和市场化,由政府公共部门主导的支持模式的作用有所下降。

四、市场支持模式

农民工群体在我国的城市改革进程中并不是消极的行动者,也并不处于现代化、工业化的进程之外。事实上,农民工在经济上迅速填补了城市职业结构中留下的缝隙,并通过对国有经济部门的补充,成为推动中国市场经济转型

---

① 王春光.新生代农民工城市融入进程及问题的社会学分析[J].青年探索,2010(3):5-15.

的重要力量之一,同时也是市场经济的有机组成部分。[1] 在农民工城市融入的过程中,国家的力量并没有及时有效地介入,甚至取消了一些制度性的义务和保障。在这种情况下,市场作为理性行动者开始利用可获得的手段和机会介入农民工的城市融入进程,也即开始出现各类针对农民工的市场服务机构和地方性服务措施。中国自从解除了对经济、劳动力市场、文化和消费的管控之后逐渐开启市场化之路[2],去政治化的和以市场为基础的个体化为农民工获得政治权利和社会基本权利奠定了新的基础。一方面,在市场这只"看不见的手"的操控下,资源优化配置能够有效地实现,市场导向的支持模式适应能力较强,并且能进行微观调适;另一方面,市场模式也不可避免地功利化,它肆意地谋求利润最大化,或基于利益权衡可能拒绝提供公共物品,因为企业作为效益和利润的主体并没有参与农民工城市融入进程的职责。此外,任由市场化的操控容易加剧农民工的边缘化和赤贫化,正如可以预料的住房市场的分割将使得农民工难以真正融入都市社会。

在这里,本研究将市场支持模式和接下去要讨论的社区支持模式分别对应斐迪南·滕尼斯所说的"社会"和"共同体"。这是人类群体生活的两种结合类型,"共同体"是一种自然的结合体,它建立在人的本能的中意、习惯制约的适应或者与思想有关的共同记忆的基础上;而"社会"则是一种目的联合体,人们为了实现某种对自己有利的目的而联合行动,它是机械的聚合。在社会里,人人为己,每一个体都处于同其他人的紧张关系之中。竞争普遍存在,它不必考虑人的相互间一切原始的或者天然的关系,人人都想方设法使自己的利益最大化,在人际交往和商业领域,一切权利和义务都被归结为纯粹的财富和价值。从根本上而言,它的一切社会关系都建立在可能的和实际提供的偿付的平衡之上,而"纯粹的行为和话语能够构成社会关系的基础仅仅是非本意的、非真实的"。社会是选择意志发展的结果,而共同体则是本质意志发展的结

---

① Laurence J,Ma C,Xiang B. Native place,migration and the emergence of peasant enclaves in Beijing[J]. The China quarterly, 1998(155):546-581.

② 乌尔里希·贝克,伊丽莎白·贝克-格恩斯海姆. 个体化[M].李荣山,范譔,张惠强,译.北京:北京大学出版社,2011:8.

果。滕尼斯认为,自我或者本质意志的主体是统一体(unum per se),由其内在的确定性所制约。而个人或者选择意志的主体,是通过其外在目的而规定的统一体,是"偶然决定的统一体(unum per accidens),是机械的统一体"。在滕尼斯看来,这种个人的概念是一种虚构,是一种科学思维的构想,"其目的是表示这些形态的原本的统一体,即支配着一种力量、权势、手段的复合的统一体"。① 与滕尼斯的这种社会观相对应,纯粹利润和工具性导向下的农民工的市场支持模式亦有可能导致人的异化和行为的失范。

五、社区支持模式

改革开放之后,随着我国的经济转型和制度转轨,单位制逐渐解体,城市化的推进和流动人口的急剧增加对传统的城市管理体制提出了挑战。在这种背景下,城市社区取代街居制被赋予基层社会治理的重任,社区也重新进入人们的视野。1986年,民政部首次将"社区"概念引入中国的城市管理之中,社区因而成为城市基层管理的重要载体。② 与西方国家不同的是,我们的社区概念更多的是从社会治理的意义上提出的,更多地与社会服务、社会建设相关联。它并不是自然而然地发生的,而是由政府自上而下地推动而建立的,用滕尼斯的话来表述,它是一种"选择意志"的产物,而非本质意志。因此,如何增强社区成员的身份意识,促进社区整合,提高社区成员的认同感和归属感,并使他们产生情感上的依恋关系,真正构建滕尼斯意义上的社区/共同体,成为当下值得深入探讨的现代性问题和社会治理问题。

从历史上来看,城市社区是在政府能力有限和社会资本缺乏的背景下出现的。转型时期出现的新社会问题和社会矛盾无法依靠国家单一主体来化解,因此,政府为了解决社会矛盾提出社区建设的发展目标。在各种张力之下,也有不少学者倡导应该基于公平发展机会全面改革城乡体制、重建一体化

① 斐迪南·滕尼斯.共同体与社会:纯粹社会学的基本概念[M].林荣远,译.北京:北京大学出版社,2010:88,194-196.
② 郑杭生,等.社会学概论新修(第四版)[M].北京:中国人民大学出版社,2013:243.

的城乡社会管理制度。① 随着城市管理体制从"单位制"向"社区制"转变,社区在农民工城市融入过程中也起到了重要的作用。社区治理的基本理念是动员民间的力量,与基层结合开展社区建设,从而重建社会规范和秩序。由于存在经济、社会和政治上的制度瓶颈,农民工难以承受其市民化的高昂成本。② 城市体系的僵化严重制约了农民工群体的身份转变和城市融入,很多学者认为,以户籍制度为核心的体制壁垒是农民工城市融入的最大障碍。③ 也就是说,"制度型社会资本"的匮乏是农民工城市融入的根源性障碍,这种制度型社会资本是为生活于其中的个体提供足够方便的一种共用资源、规范和制度。④ 因此,需要通过改革赋予农民工以制度资本。社区介入机制也是新生代农民工社会资本的再生产机制,有助于发挥农民工的主体能动性。它搭建了一个公共服务的平台,促进了社会网络关系的重建,以防止农民工社会网络的"内卷化"趋势。以社区为主体、以服务为导向的农民工融入模式,将农民工主体视为城市的有机构成,引导农民工参与社区建设,通过参与式管理增强他们的归属感,从而更好地融入城市生活。概言之,社区支持模式能够促进农民工群体充分运用个体资本、组织资本和制度资本,捍卫和保障自己的权益。这是一种共治型的融入与支持模式,承认社区的开放性、主体的多元性和规则的灵活性。社区支持模式摆脱了原有的封闭式和排斥性的管理模式,从封闭式治理走向开放型治理。具体而言,社区支持模式具有以下三个主要特点。

(一)社区自治是一种多主体、多维度的治理模式

一方面,多主体的治理模式有其正当性,因为城市融入或市民化都是涉及多方主体的行为,农民工作为城市社会的重要构成,他们自然也是城市融入的重要主体,而不仅仅是客体或对象;同时,其他的主体还包括政府、社区和市场

---

① 王春光.新生代农民工城市融入进程及问题的社会学分析[J].青年探索,2010(3):5.
② 张国胜.农民工市民化的城市融入机制研究[J].江西财经大学学报,2007(2):42.
③ 赵光勇,陈邓海.农民工社会资本与城市融入问题研究[J].当代世界与社会主义,2014(2):187.
④ 李爱芹.社会资本与农民工的城市融入[J].广西社会科学,2010(6):142.

等,社区治理需要这些不同主体之间的联合。农民工与城市社区之间的关系不是相互排斥、隔离和对立的关系,而是包容、合作和互惠的关系。另一方面,多主体的治理模式有其必要性。农民工城市融入的成本和代价较为高昂,无法仅仅依靠政府或农民工自身来完成。因此,有必要建立长效、多元化的社会成本分摊机制①,由中央政府、农民工所在地政府、农民工所在企业、农民工自身及社会大众(如慈善事业等)来共同分担。② 社会转型需要城市社区承担更多的功能,包括社会服务和社会保障、人的社会化、社会参与,以及社会稳定和社会整合等。在这方面,社区支持型融入模式之所以是一种可行的途径,是因为它将宏观的制度结构、中观的社区组织建设和微观的个体能动性结合起来,这三者之间的连接点正是处于基层的社区。它是一种复合主体的社区治理,从碎片化政府(fragmented government)转向整体型政府(holistic government),从而更好地利用资源,促使不同利益主体间的团结合作,为农民工提供完善的服务。③

(二)社区支持旨在创建具有归属感的共同体

社区支持模式是以社区为核心,向农民工提供与市民均等的公共服务,使农民工产生文化认同感,能够以合法的主体身份参与城市的政治、经济和文化生活等。这种支持模式将分散的农民工团结起来,提高他们的组织化程度,消除其"局外人心理"和"内卷化"倾向。④ 社区支持模式希望能在农民工群体中培养强烈的个体依附感和纽带感,使他们忠诚于共同体的利益与需求,并在遭遇内外威胁时,捍卫共同体的价值。因此,隶属于社区的人们不再是一盘散沙,也不再是无根的漂泊者,他们将获得一种集体感、归属感和身份感。共同体是具有情感关系的网络,这些关系之间是彼此交叉和补充强化的,共同体"需要对一系列共享的价值观、规范、意义以及共享的历史和身份——概而言

① 单菁菁.中国农民工市民化研究[M].北京:社会科学文献出版社,2012:13.
② 张国胜.中国农民工市民化:社会成本视角的研究[M].北京:人民出版社,2008:202-207.
③ 郑杭生,黄家亮.当前我国社会管理和社区治理的新趋势[J].甘肃社会科学,2012(6):1.
④ 柯元,柯华.基于社区融入视角的农民工市民化问题探析[J].农村经济,2014(8):105.

之,即一种共享的文化——做出承诺"①。在滕尼斯那里,共同体的生活是相互的占有和享受、保护和捍卫,它本身包含着各方的默认一致,这便是"和睦或家庭精神(concordia)"。②

(三)社区支持在本质上还是一种自治模式

社区支持不仅是一种正式的社会支持的手段,而且还是一种社区自治的形式。社区支持是非营利性的,同时政府又没有彻底缺席。它是公共物品的供给者、资源的分配者及享用者等多方的联动模式,与多元化利益主体的诉求一致。社区支持是政府放权的结果,作为一种自治性的组织,它能够弥补全能型政府和趋利化市场可能存在的调解和支持失灵的情况,从而提供政府和市场未能充分供应的公共物品,有序稳健地推动新生代农民工的城市融入进程。自治型社区作为基层的功能区,能减少和缓减个体与政府之间的直接对峙和利益冲突,化解不同利益主体之间的矛盾;增强农民工的主体参与意识,磨炼组织协调能力,促使平等的利益主体在开放式社会空间里形成功能融合、多层架构、合作共治的共同体。

第三节　小　结

农民工通常被认为是"脱域"的群体,他们的跨地域性和频繁的流动性给政府带来了管理上的困难。目前,随着我国劳动力市场发生结构性变迁,新生代农民工日益成为农民工的主体。如何采取适当的措施使他们结构性地嵌入城市社会,成为一项重要的社会治理议题,这对地方政府的行政管理构成一定的挑战。在高度现代性下,个体间关系网络和共同体的维持不再依赖原先稳

---

① Amitai E. The responsive community:a communitarian perspective[J]. Social Science Electronic Publishing,1996,61(1):1-11.

② 斐迪南·滕尼斯.共同体与社会:纯粹社会学的基本概念[M].林荣远,译.北京:北京大学出版社,2010:60.

固的传统,而是靠一种交互个体化的集体性。[①] 新生代农民工的社会融入问题在理论上涉及在个体化的社会里如何实现整合的问题,即原本被抽离的个体如何进行制度化和再嵌入。

　　本研究以西方社会科学领域关于社会整合和共同体的理论为依托并结合我国当前新生代农民工的实际状况,梳理了新生代农民工城市融入的五种模式:个人支持模式、自组织支持模式、公共部门支持模式、市场支持模式和社区支持模式。本研究认为,新生代农民工的城市融入是一项系统性的工程,它不仅仅是经济上的融入,还包括制度融入、文化融入和身份融入等,因此,这个复杂的社会过程不可能一蹴而就。中国流动人口的代际转型意味着中国人口流动的进程已经从"单个人流动的先锋阶段""人口流动的家庭化阶段"走向"人口流动的大众化阶段"。在前两个阶段,个人支持模式和自组织支持模式是推动人口发生"乡—城"迁移的重要拉力,并且也形塑了第一代农民工进城后同乡、同业、同族聚集居住的趋同现象。但是在"人口流动的大众化阶段",尤其是新生代农民工的群体新特征逐渐打破了以往高度趋同的就业和居住形态,城市社区成为他们生活乃至生产的微观场域。由此,社区支持模式成为个人支持模式和自组织支持模式之外的重要支持模式。当然,由于中国二元劳动力市场、城乡分割的体制现状,以及户籍制度改革的长期滞后等结构性约束仍然存在,社区支持模式无法脱离公共部门支持模式、市场支持模式而单独发挥作用,从这个角度而言,社区支持模式只能是在抛开结构性"强"排斥之外为新生代农民工减少社会交往、文化适应等方面的非结构性"弱"排斥。在中国真正实现城乡一体化、全面完成户籍制度等改革之前,社区支持模式的局限性也将长期存在。

　　从社区支持模式的适用性来看,新生代农民工进入城市选择社区居住形态后即开始了社区融入的过程,当然,不同的社区空间形态及类型特点会发展出不同的支持策略进而影响融入程度,这在本研究的后面部分会专门论及。随着社区制成为各个城市基层社会治理与服务中的重要方式,新生代农民工

---

　　① 乌尔里希·贝克,伊丽莎白·贝克-格恩斯海姆.个体化[M].李荣山,范譞,张惠强,译.北京:北京大学出版社,2011:31.

也成为社区制的覆盖对象,可以说,社区融入是这些进入社区的新生代农民工实现城市融入的重要组成部分,而社区支持模式也即通过社区治理和服务介入改变他们融入的行为与能力。城市社区融入是主体不断地进行再社会化的互动过程,它不仅是空间地域上的转变,也包含了身份与认同的转变。社区既是一种权利共同体,也是一种义务共同体,社区发展的本质是各种社会力量的整合过程,其目的是通过社区自治,形成政府、基层组织与居民合作的局面。在社区支持模式下,社区成为多元主体,其运行机制由行政化管理逐渐转变为社区化治理。① 社区支持通过改变新生代农民工对城市生活地域的角色认同,在生活模式、身份、认同感和归属感方面对城乡二元结构性制度规定实现渐进性的超越。社区融入是新生代农民工适应城市社会的有效方式和根本目标,它有助于新生代农民工超越户籍等外在体制屏障融入城市生活,实现真正的城市融入(如图 2-1 所示)。

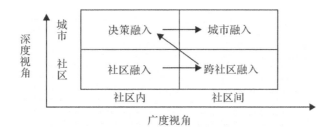

图 2-1　社区融入带动城市融入的模式框架

注:"决策融入"主要是指超越或破除当前广泛存在的城乡二元结构性制度及政策限定,将农民工群体的社会保障及发展权利纳入决策进程及政策文本,实现社会公平。"社区融入"在社会学意义上主要指作为社会成员能够积极而平等地参与社会发展并共享均衡的社会保障与福利,从而实现社会的融合。

概言之,社区支持是一种结合国家和民间力量而重建基层社会的有效方式,它涉及治理模式和思维的转型,从而确立一种融合治理的模式。② 社区支

---

① 郑杭生,等.社会学概论新修(第四版)[M].北京:中国人民大学出版社,2013:246.
② 本研究提出的"融合治理模式"主要是指开放的、自治的、包容性的和多元主体共建共享的治理格局,从这个意义上而言,社区支持模式本质上是一种融合治理模式.

持模式是开放性的、自治的、包容性的和多主体的治理格局,它旨在不断摒弃原有的二元社会结构和地方治理方式,最终实现多主体的自治。从理论上而言,社区支持的视角是从结构—制度与行动—实践的角度来研究新生代农民工的城市融入进程的,它既不是完全由政府主导,也不是交由以利润为导向的市场来操控,而是建构基层共同体,是在政府、社会、市场和个体之间的一种整合模式。

第三章

新生代农民工"乡—城"迁移意愿影响因素

新生代农民工城市融入的影响因素可分为迁移之前的特质影响和流入地城市的特征影响两个阶段。本书第一章已将新生代农民工迁移意愿的影响因素整理为包括新生代农民工进城前受教育水平(包括职业培训)、原先的城市化程度、个体人口学特征、进城动机及父母职业等,进入流入地城市后城市的人口规模、工业化程度、政府政策及社会的包容性、多元性等因素的研究框架。本章基于这一研究框架,具体从中提炼出"人口学基本特征"、"经济能力"、"社会交往与社区参与"、"城市感知"和"权益受侵与遭歧视"五个指标,分析其对新生代农民工"乡—城"迁移意愿产生的影响。

第一节　问卷设计、数据来源与统计方法

本研究主要采用问卷调查、部门座谈和个案访谈等方法进行数据和案例的采集。其中问卷调查部分主要采用分类随机抽样的方法在杭州市进行抽样统计。杭州市是农民工聚居度较高的城市。至 2014 年年末,全市常住人口889.20 万人,其中城镇人口 667.79 万人,占 75.1%;户籍登记人口 715.76 万人,其中非农业人口 404.27 万人,占 56.5%。据杭州市流动人口服务管理办

公室发布的数据,2014 年年末,全市流动人口登记在册总数为 432.91 万人,其中外来务工人员为 342.49 万人,占 79.1%;居住半年以上的流动人口为 294.94 万人,占全市常住人口的 33.2%。① 因此,一方面,大量农民工在杭州生产生活成为统计意义上的城市"新居民";另一方面,大量农民工尚未完成城市居民身份转化而城市融入过程漫长。杭州市近年来在推进农民工城市融入方面也进行了诸多的探索,根据杭州市各个区县市农民工数量和居住分布情况,本研究在江干区、拱墅区、西湖区、滨江区、余杭区、富阳区等 8 个主城区随机发放问卷 635 份,其中有效回收问卷 621 份,有效回收率 97.8%。在桐庐、建德、淳安 3 个县市发放问卷 115 份,其中有效回收问卷 107 份,有效回收率 93.0%。有效回收的 728 份问卷是本研究定量分析的数据来源。

本研究重点研究社区支持对新生代农民工城市融入的影响,采用多因素的回归分析方法来回答解释变量和被解释变量之间的相关性问题。为了判明新生代农民工"乡—城"迁移、城市融入及社区支持的影响因素,以及各个因素的综合作用状况,本研究采用有关人口问题研究中的经典模型 Logistic 回归模型。同时,本研究将因变量的取值范围限制在[0,1]范围内,因为传统的回归模型中因变量的取值范围为负无穷大到正无穷大之间,不适用本研究。具体采用的是 SPSS 19.0 版本中适合于因变量为二分类变量事件的 Binary logistic 分析方法。

研究问卷设计分为"个人基本情况"(7 题)、"社区支持状况"(11 题)、"城市融入情况"(20 题)和"补充性问题"(4 题)四大组成部分。考虑到问卷调查的发放时间为 2014 年 7 月,本研究将"个人基本情况"中"年龄"变量的分界线设置为 35 岁。也即,学术界将 1980 年以后出生的农民工界定为新生代农民工,因此,选项中选择 35 岁以下的样本均为新生代农民工,选择 35 岁以上的样本统称为第一代农民工。新生代农民工的样本总量为 357 人,第一代农民工的样本总量为 371 人,新生代农民工占样本总量的 49%,其基本情况详见表 3-1。

---

① 数据来源:杭州市总工会、杭州市流动人口服务管理办公室。

表 3-1　新生代农民工样本的基本情况

自变量		频数（比例）	自变量		频数（比例）	自变量		频数（比例）
性别	男	131(36.6%)		建筑工人	21(5.9%)		1000 元及以下	68(20.4%)
	女	226(63.4%)		流动商贩	46(13.0%)		1001~1500 元	200(55.9%)
年龄	30 岁及以下	156(43.9%)		工厂工人	（%）	月支出	1501~2000 元	67(18.6%)
	31~35 岁	201(56.1%)	从事职业	商务服务人员	（%）		2001~2500 元	10(2.8%)
文化程度	不识字	5(1.4%)		家政服务人员	（%）		2500 元以上	8(2.3%)
	小学	50(14.0%)		环卫工人	（%）		临时工棚	8(2.3%)
	初中	136(38.0%)		职员、办事员	（%）		单位集体宿舍	89(25.1%)
	高中(中专)	125(35.2%)		管理人员	（%）	居住方式	农民房	166(46.9%)
	大专	29(8.1%)		其他	（%）		小区租房	62(17.5%)
	本科及以上	12(3.4%)		制造业	（%）		亲友的房子	2(0.6%)
婚姻	未婚	166(46.4%)		建筑业	（%）		自购房	15(4.2%)
	已婚	172(48.3%)		零售业	（%）		廉租房	2(0.6%)
	离异	15(4.2%)	从事行业	餐饮宾馆服务业	（%）		旅馆	5(1.4%)
	丧偶	15(4.2%)		社区服务业	（%）		其他	5(1.4%)
孩子状况	有孩子	172(48.3%)		机关团体	（%）		1 人	46(12.9%)
	没有孩子	185(51.7%)		交通运输业	（%）		2~3 人	180(50.4%)
家人数量	1~2 人	39(10.9%)		娱乐服务业	（%）	居住人数	4~5 人	84(23.5%)
	3~4 人	218(61.1%)		其他	（%）		6~10 人	30(8.4%)
	5 人及以上	100(28.0%)		2000 元及以下	63(19.8%)		10 人以上	17(4.8%)
就业状态	常年有稳定工作	187(52.7%)		2001~2500 元	134(37.8%)		不到 1 年	32(9.1%)
	农闲时才外出务工	47(13.2%)	月收入	2501~3000 元	96(26.4%)	打工年数	1~3 年	164(46.6%)
	常年在外打零工	63(17.7%)		3001~3500 元	38(10.7%)		4~5 年	101(28.7%)
	在外创业	25(7.0%)		3501~4000 元	8(2.1%)		6~10 年	51(14.5%)
	无业(失业)	15(4.2%)		4000 元以上	11(3.1%)		10 年以上	4(1.1%)
	其他	20(5.1%)						

　　注：由于存在无效填答或被调查者未答某题的情况，在统计过程时会做相应剔除，导致具体变量的总样本数小于 357 人。以下表格不另做说明。

第二节　研究思路与假设

　　从问卷来看，超过半数以上的新生代农民工希望"一直生活在这座城市"，这表明新生代农民工城市迁移的意愿很强烈。本研究分别考察了新生代农民工的"人口学基本特征"、"经济能力"、"社会交往与社区参与"、"城市感知"和

"权益受侵与遭歧视"这五个指标对他们的城市迁移产生的影响。根据问卷设计的内容,这五个指标的具体自变量分别选取如下(见表 3-2)。

表 3-2   五个指标的具体自变量分布

自变量		频数(比例)	自变量		频数(比例)
人口学基本特征			社会交往与社区参与		
性别	男	131(36.6%)	与杭州本地人交往	经常交往	105(29.3%)
	女	226(63.4%)		偶尔交往	178(49.8%)
文化程度	不识字	5(1.4%)		没有交往	67(20.9%)
	小学	50(14.0%)	与所在社区或附近社区的居民熟悉度	很熟悉	32(9%)
	初中	136(38.0%)		比较熟悉	92(25.6%)
	高中(中专)	125(35.2%)		一般	122(34.1%)
	大专	29(8.1%)		不太熟悉	83(23.7%)
	本科及以上	12(3.4%)		完全不熟悉	27(7.6%)
婚姻状况	未婚	166(46.4%)	所在社区是否设立外来人口服务机构	有设立	87(24.3%)
	已婚	172(48.3%)		没有设立	101(28.5%)
	离异	15(4.2%)		不清楚	167(28.5%)
	丧偶	4(1.1%)	城市感知		
孩子状况	有孩子	172(48.3%)	所在社区对外来打工者态度	非常友好	59(16.5%)
	没有孩子	185(51.7%)		还算友好	183(52%)
经济能力				不太友好	49(13.9%)
就业状态	常年有稳定工作	187(52.7%)		很不友好	13(3.7%)
	农闲时才外出务工	47(13.2%)		说不清楚	48(13.9%)
	常年在外打零工	63(17.7%)	对所在社区及其居民的认同感	非常认同	38(9.9%)
	在外创业	25(7.0%)		比较认同	140(39.8%)
	无业(失业)	15(4.2%)		一般	126(35.5%)
	其他	20(5.1%)		不太认同	32(10%)
月收入	2000 元及以下	63(19.8%)		很不认同	14(4.8%)
	2001~2500 元	134(37.8%)	权益受侵与遭歧视		
	2501~3000 元	96(26.4)	是否遭遇权益受侵	没有	295(82.4%)
	3001~3500 元	38(10.7%)		有	53(17.6%)
	3501~4000 元	96(26.4%)		经常有	9(2.6%)
	4000 元以上	11(3.1%)		偶尔有	89(25.1%)
打工年数	不到 1 年	(%)	是否遭遇社会排斥	很少有	117(33.4%)
	1~3 年	(%)		没有感觉	135(38.9%)
	4~5 年	(%)			
	6~10 年	(%)			
	10 年以上	4(1.1%)			

（1）"人口学基本特征"：包括性别、文化程度、婚姻状况和孩子状况。

（2）"经济能力"：包括就业状态、月收入和打工年数。

（3）"社会交往与社区参与"：包括与杭州本地人的交往情况、与所在社区或附近社区的居民熟悉度，以及所在社区是否设立外来人口服务机构。

（4）"城市感知"：包括所在社区对外来打工者态度、对所在社区及其居民的认同感。

（5）"权益受侵与遭歧视"：包括是否遭遇权益受侵、是否遭遇社会排斥。

本研究将新生代农民工"是否希望一直留在杭州"作为因变量，来测量他们融入城市的意愿。

假设 1：新生代农民工的基本人口学特征对他们的留城意愿有影响。

假设 1a：新生代农民工的性别特征对他们的留城意愿有影响，女性比男性的留城意愿更为强烈。

假设 1b：新生代农民工的文化程度对他们的留城意愿有影响，文化程度越高，留城的意愿越强烈。

假设 1c：新生代农民工的婚姻状况对他们的留城意愿有影响，已婚者的留城意愿更强烈。

假设 1d：新生代农民工的孩子状况对他们的留城意愿有影响，孩子越多，他们的留城意愿越强烈。

假设 2：新生代农民工的经济能力对他们的留城意愿有影响，经济实力越强，留城的意愿越强烈。

假设 2a：新生代农民工的就业状态对他们的留城意愿有影响，工作越稳定，留城的意愿越强烈。

假设 2b：新生代农民工的月收入对他们的留城意愿有影响，收入越高，留城的意愿越强烈。

假设 2c：新生代农民工的打工年数对他们的留城意愿有影响，打工的年数越长，留城的意愿越强烈。

假设 3：新生代农民工的社会交往与社区参与状况对他们的留城意愿有影响，社会交往与社区参与状况越好，留城的意愿越强烈。

假设 3a：新生代农民工与杭州本地人的交往越是频繁，他们留城的意愿越强烈。

假设3b:新生代农民工对所在社区或附近社区的居民越熟悉,他们的留城意愿越强烈。

假设3c:新生代农民工所在的社区设立"外来人口之家"等社区组织机构或活动场所越多,他们的留城意愿越强烈。

假设4:新生代农民工的城市感知状况对他们的留城意愿有影响,对城市感知越好,留城意愿越强烈。

假设4a:新生代农民工感受的社区对外来打工人员的态度越好,他们的留城意愿越强烈。

假设4b:新生代农民工对杭州的整体印象越好,他们的留城意愿越强烈。

假设4c:新生代农民工对所在社区及其居民越有认同感,他们的留城意愿越强烈。

假设5:新生代农民工的权益受侵与社会排斥情况对留城意愿有影响,越是经历过权益受侵和社会排斥,他们留城的意愿越弱。

假设5a:新生代农民工在生活中越是遭遇过侵权事件,他们的留城意愿越弱。

假设5b:新生代农民工越是感受到社会排斥,他们的留城意愿越弱。

第三节　研究结果分析

根据上述分析思路和研究假设,分别得出以下影响新生代农民工城市迁移的相关结论。

一、人口学特征对新生代农民工城市迁移意愿的影响

在本研究中,人口学特征包括性别、文化程度、婚姻状况和孩子数量四个指标,本研究将它们作为自变量,以"是否希望一直留在杭州"作为因变量,二元Logistic回归分析的结果,见表3-3。

表 3-3　人口学基本特征对留城意愿的影响

变量描述		模型 1	
		非标准化回归系数(B)	标准差
性别(参照组:男性)	女性	0.464	0.342
文化程度(参照组:不识字)	小学	2.796	1.214*
	初中	3.639	1.208**
	高中(中专)	3.446	1.213**
	大专及以上	5.533	1.568***
婚姻状况(参照组:未婚)	已婚	0.348	0.653
	离异或丧偶	−1.848	0.714**
孩子状况(参照组:没有孩子)	有孩子	0.825	0.627+
常数		0.710	0.370*
−2Log likelihood		252.499	
χ^2		40.036***	
df		8	
N		357	

注:+ 表示显著性<0.1, * 表示显著性<0.05, ** 表示显著性<0.01, *** 表示显著性<0.001, 余表同。

从统计结果来看,新生代农民工的性别对留城意愿并没有显著的影响,也即女性与男性的留城意愿并无差别。因此,假设 1a 不成立。受教育程度对新生代农民工的留城意愿有显著的影响,"小学"文化程度的新生代农民工愿意留在城市的发生比是参照组("不识字")的 16.4 倍(B=2.796),"初中"文化程度的新生代农民工愿意留在城市的发生比是"不识字"的新生代农民工的38.1 倍(B=3.639),"高中(中专)"文化程度的新生代农民工愿意留在城市的发生比是"不识字"的农民工的 31.4 倍(B=3.446),而"大专及以上"文化程度的农民工愿意留在城市的发生比是"不识字"的农民工的 252.9 倍(B=5.533)。因此,新生代农民工的文化程度对他们的留城意愿有显著的影响,他们的文化程度越高,留城的意愿也更为强烈,假设 1b 成立。二元 Logistic 回归模型表明,新生代农民工的婚姻状况对他们留在城市的意愿也有一定的影响,但是与参照组("未婚")相比,"已婚"的婚姻状态对留城意愿并没有显著的影响,而处于"离异或丧偶"状态的新生代农民工愿意留在城市的发生比与参照组("未婚")相比降低 15.8%(B=−1.848)。因此,假设 1c 在一定程度上是成立的,即新生代农民工的婚姻状况对留城意愿有影响,处于"离异或丧偶"状态的农民工留在城市的意愿会更弱。最后,新生代农民工是否有孩子也会对他们的留城意愿产生影响,有孩子的新生代农民工愿意留在城市的发生比是"没有孩子"的2.3倍($B=0.825$),因此,假设1d成立,即有孩子的新生代农民工更愿意留在城市。这也在一定程度上反映了新生代农民工"举家迁移"的浪潮。

综上所述,新生代农民工的人口学特征对他们留在城市的意愿有影响,假设1成立。

二、经济能力对新生代农民工城市迁移意愿的影响

迁移人口的经济能力是影响他们城市迁移的重要指标。在这里,本研究用"就业状况"、"月收入"和"打工年数"来测量新生代农民工的经济能力。本研究将这些指标作为自变量,以"是否希望一直留在杭州"作为因变量,二元Logistic回归分析的结果见表3-4。

表3-4 经济能力对留城意愿的影响

变量描述			模型2.1		模型2.2	
			非标准化回归系数(B)	标准差	非标准化回归系数(B)	标准差
控制变量	性别(参照组:男性)	女性	0.185	0.332	0.140	0.365
	文化程度(参照组:不识字)	识字	0.681	0.196***	0.718	0.221***
	婚姻状况(参照组:未婚)	已婚	−0.679	0.353*	−0.498	0.400
	孩子状况(参照组:没有孩子)	有孩子	1.536	0.419***	1.399	0.459**
自变量	就业状态(参照组:常年在外,有稳定工作)	农忙时才外出务工			0.302	0.540
		常年在外打零工			0.407	0.482
		在外创业			1.603	1.093+
		无业或失业			−1.296	0.717*
		其他			0.293	1.039

续表

变量描述			模型 2.1		模型 2.2	
			非标准化回归系数（B）	标准差	非标准化回归系数（B）	标准差
自变量	月收入（参照组：2000 元及以下）	2001～2500 元			0.010	0.461
		2501～3000 元			0.466	0.539
		3001～3500 元			−0.811	0.582
		3500 元以上			0.284	0.723
	打工年数（参照组：1 年以下）	1～3 年			0.354	0.711
		4～5 年			0.164	0.741
		6～10 年			−0.535	0.778
		10 年以上			0.697	1.279
常数			−0.391	0.963	2.998	1753.325
−2 Log likelihood			252.704		233.765	
χ^2			25.503***		44.442***	
df			4		17	
N			357			

从统计结果来看，本研究选取的大多数指标都不显著，尤其是"月收入"和"打工年数"，因此，假设 2b 和假设 2c 明显不成立。但是，新生代农民工的"就业状态"对农民工留在城市的意愿有一定的影响，处于"在外创业"状态的新生代农民工愿意留在城市的发生比是参照组（"常年在外，有稳定工作"）的 4.9 倍（B＝1.603），而处于"无业或失业"状态的新生代农民工留在城市的发生比与参照组相比则下降 27.4%（B＝−1.296）。这说明杭州作为省会城市对迁移人口的创业有相当大的吸引力，而"无业或失业状态"则对新生代农民工的留城意愿有负面影响。

因此，新生代农民工的经济能力对留城意愿并没有显著的影响，假设 2 基本不成立。关于这一点本研究在后文还会继续讨论。

三、社会交往与社区参与对新生代农民工城市迁移意愿的影响

在假设 3 中，本研究认为"作为迁移人口的新生代农民工，他们在城市的社会交往和社区参与状况越好，定居城市的意愿就越强烈"。本研究以新生代农民工"与杭州本地人的交往情况""新生代农民工对所在社区或附近社区的

居民熟悉度""所在社区是否设立外来人口服务机构"作为自变量来测量他们的社会交往与社区参与状况,以"是否希望一直留在杭州"作为因变量,二元Logistic 回归的分析结果见表 3-5。

表 3-5　社会交往与社区参与对留城意愿的影响

变量描述		模型 3.1		模型 3.2	
		非标准化回归系数(B)	标准差	非标准化回归系数(B)	标准差
控制变量	性别 (参照组:男性) 女性	0.158	0.330	0.472	0.365
	文化程度 (参照组:不识字) 识字	0.592	0.188***	0.690	0.221***
	婚姻状况 (参照组:未婚) 已婚	−0.885	0.364**	−0.517	0.391
	孩子状况 (参照组:没有孩子) 有孩子	1.581	0.428***	0.993	0.471*
自变量	与杭州本地人的交往(参照组:经常打交道) 偶尔打交道			−1.702	0.598**
	没有打过交道			−2.148	0.705**
	对所在社区及其居民熟悉度(参照组:非常熟悉) 比较熟悉			0.416	0.883
	有点熟悉			−0.728	0.908
	基本不熟悉			−0.431	0.936
	完全不认识			−0.809	1.115
	所在社区是否设立相应机构或活动场所(参照组:有) 没有			−1.299	0.532*
	不清楚			−1.051	0.521*
常数		−0.229	0.982	−0.652	1.111
−2 Log likelihood		255.020		221.231	
χ^2		24.138***		57.926***	
df		4		12	
N				357	

注: * 表示显著性<0.05, ** 表示显著性<0.01, *** 表示显著性<0.001。

统计结果表明,新生代农民工与杭州本地人的社会交往情况确实会显著影响其留在城市的意愿,与本地人"偶尔打交道"的新生代农民工愿意留在杭州的发生比与参照组"经常打交道"的新生代农民工相比下降 18.2%($B=−1.702$),而"没有打过交道"的新生代农民工愿意留在杭州的发生比与参照组相比则减少 11.7%（$B=-2.148$）。因此，假设 3a 成立，即新生代农民工与本地人的交往越频繁，他们留城的意愿就越强烈。从统计模型中可以看出，新生代农民工与所在社区或附近社区的居民的熟悉程度不会影响其融入城市的意愿，因此，假设 3b 不成立。最后，新生代农民工所在的社区是否设立了外来人口服务机构会对他们融入城市的意愿有显著的影响，如果没有此类社区服务机构或活动场所，那么新生代农民工愿意融入城市的发生比将降低 27.3%（$B=-1.299$）；如果新生代农民工"不清楚"他们所在的社区是否存在针对外来人口的社会服务机构或活动场所，那么他们愿意定居城市的发生比则相应地减少 35%（$B=-1.051$）。

从总体上看，新生代农民工的社会交往与社区参与状况会对他们的留城意愿产生影响，社会交往与社区参与状况越好，他们的留城意愿就越强烈。因此，假设 3 成立。

四、城市感知对新生代农民工城市迁移意愿的影响

本研究假设，新生代农民工对所在城市的主体感知会影响到他们对该城市的定居意愿。本研究以问卷中新生代农民工"所在社区对外来打工者态度""对所在社区及其居民的认同感""对杭州的整体印象"这三个指标来测量他们的城市感知，以"是否希望一直留在杭州"作为因变量，二元 Logistic 回归的分析结果见表 3-6。

表 3-6　城市感知对留城意愿的影响

变量描述			模型 4.1		模型 4.2	
			非标准化回归系数（B）	标准差	非标准化回归系数（B）	标准差
控制变量	性别（参照组：男性）	女性	0.101	0.338	0.883	0.485*
	文化程度（参照组：不识字）	识字	0.641	0.192***	0.680	0.263**
	婚姻状况（参照组：未婚）	已婚	-0.715	0.353*	-0.264	0.557
	孩子状况（参照组：没有孩子）	有孩子	1.486	0.419***	0.866	0.621

续表

变量描述		模型 4.1		模型 4.2	
		非标准化回归系数（B）	标准差	非标准化回归系数（B）	标准差
自变量	所在社区对外来打工人员的态度（参照组：非常友好）还算友好			−0.469	0.718
	不太友好			−1.961	0.855*
	很不友好			−2.481	1.087*
	说不清楚			−0.727	0.872
	对所在社区及其居民是否有认同感和归属感（参照组：非常认同）比较认同			−1.238	1.159
	没感觉			−2.468	1.149*
	基本不认同			−2.402	1.362+
	完全没有认同感			−2.007	1.624
	对杭州的整体印象（参照组：喜欢）不喜欢			−3.020	0.575***
常数		−0.011	0.997	−2.977	1.513*
−2 Log likelihood		248.952		150.803	
χ^2		23.038		121.88***	
df		4		13	
N		357			

注：+ 表示显著性<0.1，* 表示显著性<0.05，** 表示显著性<0.01，*** 表示显著性<0.001。

在这组关于主观感知的测量中，三个自变量对新生代农民工的留城意愿都有不同程度的影响。首先，在假设 4a 的检验中，如果新生代农民工认为他们所在的社区对外来打工者的态度"不太友好"，那么他们愿意留在本城的发生比与参照组（"非常友好"）相比要下降 14.1%（B=−1.961）；如果新生代农民认为他们所在的社区对外来打工者的态度是"很不友好"，那么他们愿意留在本城的发生比与参照组相比将减少 8.4%（B=−2.481）。因此，假设 4a 成立，即新生代农民工所在社区对外来打工人员的态度会影响他们对城市迁移的意愿，社区对外来打工人员的态度越是友好，其融入城市的意愿也就越强。其次，新生代农民工对所在社区及其居民的认同感也会对其留城的意愿产生影响，对所在社区及其居民没有认同感和归属感的新生代农民工与参照组（"非常认同"）相比，他们留城意愿的发生比要减少 8.5%（B=−2.468）；而对所在社区及居民"基本不认同"的新生代农民工愿意留城的发生比与参照组相比则要减少 9.1%（B=−2.402）。因此，假设 4b 成立，即对所在社区及其居民的认同感会影响新生代农民工城市融入的意愿，他们的认同感和归属感越强，那么融入城市的意愿也就越高。最后,新生代农民工对杭州的整体印象也会对他们城市定居的意愿产生显著的影响,"不喜欢"杭州这座城市的整体印象的新生代农民工愿意留在杭州的发生比与参照组("喜欢")相比要低 4.9%($B=-3.020$),也即对杭州整体印象越差就越不愿意留在杭州。因此,假设 4c 也成立。

综上所述,新生代农民工的城市感知对他们城市迁移的意愿有不同程度的影响。因此,假设 4 成立。

五、权益侵害与社会排斥对新生代农民工城市迁移意愿的影响

本研究在假设中认为,新生代农民工"在打工期间是否遭遇权益受侵"或"社会排斥"会影响他们融入城市的意愿。本研究以这两个指标作为自变量,以"是否希望一直留在杭州"作为因变量,二元 Logistic 回归的分析结果见表 3-7。

表 3-7　权益侵害与社会排斥对留城意愿的影响

变量描述			模型 5.1		模型 5.2	
			非标准化回归系数(B)	标准差	非标准化回归系数(B)	标准差
控制变量	性别 (参照组:男性)	女性	0.324	0.331	0.418	0.347
	文化程度 (参照组:不识字)	识字	0.641	0.190***	0.690	0.203**
	婚姻状况 (参照组:未婚)	已婚	−0.686	0.353*	−0.625	0.381+
	孩子状况 (参照组:没有孩子)	有孩子	1.567	0.422***	1.686	0.451***
自变量	遭遇侵权事件 (参照组:没)	有			−0.885	0.447*
	是否感受到社会排斥 (参照组:经常碰到)	偶尔碰到			−1.238	1.159
		很少碰到			0.885	0.659*
		没有感觉			1.582	0.658*
常数			−0.520	0.962	−1.547	1.081
−2 Log likelihood			252.506		238.110	
χ^2			25.383		39.779***	
df			4		8	
N				357		

注:+ 表示显著性<0.1,* 表示显著性<0.05,** 表示显著性<0.01,*** 表示显著性<0.001。

统计结果显示,新生代农民工在打工期间遭遇权益侵害会明显影响他们留在本城的意愿,与没有遭受过权益侵害事件的新生代农民工相比,遭遇过权益受侵的人愿意留在本城的发生比要减少 41.4%($B=-0.885$),因此,假设 5a 成立。新生代农民工是否感受到社会排斥也会对他们融入城市的意愿产生影响,"很少碰到"社会排斥的新生代农民工愿意融入城市的发生比是参照组("经常碰到")的 5.8 倍($B=1.759$),"没有感觉"到社会排斥的新生代农民工愿意融入城市的发生比则是参照组的 4.9 倍($B=1.582$)。因此,假设 5b 也成立。

综上所述,新生代农民工的权益受侵与遭社会排斥的经历会对他们的留城意愿产生显著的负面作用,遭遇的权益受侵事件越多或经历过越多的社会排斥,他们留城的意愿就越弱。因此,假设 5 成立。

第四节 小结与讨论

本研究分别探讨了新生代农民工的"个体人口学特征""经济能力""社会交往与社区参与""城市感知"以及"权益侵害与社会排斥"五个指标对他们城市迁移意愿的影响。除了"经济能力"(假设 2)之外,其他的四个因素都对新生代农民工的留城意愿有不同程度的影响。也就是说,经济因素并不是影响新生代农民工留城意愿的最主要原因,重要的是他们的社会交往与社区参与状态、他们对城市的切身感知,而权益侵害与社会排斥则会对他们的留城意愿产生消极影响。

本研究发现,新生代农民工的"月收入"对他们的留城意愿并没有显著的作用,这也印证了其他一些研究结果,即新生代农民工在城市追求的并不主要是经济上的目标,他们更注重自我价值的实现,因此,"创业"状态会对他们的留城意愿产生一定的影响。然而,尽管收入并非新生代农民工在城市打工的主要目标,但是当他们的经济状况陷于极端的窘境如失业或无业时,他们的留城意愿和城市融入还是会受到影响。本研究的统计分析表明,新生代农民工所在社区设立"外来人口之家"等组织机构或活动场所会对他们的留城意愿起到提升作用,因此,在有条件的地方可以设置一些类似的服务机构,使之更多地发挥社会整合的功能。新生代农民工是城市融入的主体,他们有感知、有意愿、有想法,从关于"城市感知"的分析中,本研究发现:流入地所在的社区对新生代农民工的态度会明显影响他们融入城市的意愿,不友好的、排斥的态度会对他们的留城意愿产生负面作用;而且新生代农民工对城市的认同感和归属感也会显著影响他们的迁移意愿。因此,改善城市居民对新生代农民工的态度十分重要,社区居民应以平等、包容、开放的心态对待外来打工人员,这将对农民工的城市迁移和融入具有很大的促进作用。流入地城市应积极营造良好环境以增强外来打工人员的认同感和归属感,进一步提升城市的基础设施建设和文化品位,降低城市生活成本。同时,应创造机会使新生代农民工与社区居民之间加强互动与理解,这也将有助于新生代农民工的城市融入。城市应当完善新生代农民工的利益表达机制和社会保障制度,切实保护他们的合法权益。

第四章

新生代农民工城市融入的现状分析

在论述新生代农民工"乡—城"迁移意愿影响因素的基础上,参考已有文献,本研究进一步将新生代农民工的城市融入(B)这一变量操作化为经济层面城市融入($B1$)、社会层面城市融入($B2$)、文化层面城市融入($B3$)三个指标,进而又将这三个指标进行操作化,从而完成了一级指标、二级指标、三级指标变量操作化过程。本章将对新生代农民工城市融入的指标体系进行测度分析。

第一节 经济层面城市融入指标体系的构建及其测度

一、经济层面城市融入的指标体系及新生代农民工样本描述

经济层面的城市融入是最为基础的融入层次,新生代农民工一进入城市,首先面临的就是经济层面的城市融入。本研究将经济层面城市融入($B1$)细分为就业稳定性($B11$)、职业层次($B12$)、月收入($B13$)、月支出($B14$)四个指标(见表4-1)。通过对这四个指标的问卷调查数据进行分析,本研究发现:从整体来说,新生代农民工就业稳定与不稳定的比例相差不大,大多数新生代农民工的职业层次较低、月收入集中在 2000～3000 元,月支出集中在 1000～1500 元。

表 4-1　经济层面城市融入指标体系的构建及新生代农民工样本描述

一级指标	二级指标	三级指标	描述性分析
城市融入 （B）	经济层面城市融入 （B1）	就业稳定性（B11）	不稳定（47.8%）；稳定（52.2%）
		职业层次（B12）	低（81.8%）；高（18.2%）
		月收入（B13）	2000 元以下（19.8%）；2000～3000 元（64.2%）；3000 元以上（15.9%）
		月支出（B14）	1000 元以下（20.4%）；1000～1500 元（55.9%）；1500 元以上（23.7%）

二、两代农民工经济层面城市融入的显著性差异比较

两代农民工这四个指标的问卷调查数据分析结果显示（见表4-2）：一方面，在就业稳定性（B11）这个指标上，两代农民工存在显著性差异（$X^2=10.211$，$df=1$，$p=0.001$），在 0.01 水平上显著。具体来说，新生代农民工就业稳定的比例为 52.2%，而第一代农民工的这一比例为 40.4%。这说明：比较而言，新生代农民工就业的稳定性更强。另一方面，在月收入（B13）这个指标上，两代农民工存在显著性差异（$X^2=5.544$，$df=2$，$p=0.063$），在 0.1 水平上显著。具体来说，新生代农民工月收入在 2000 元以下的比例为 19.8%，而第一代农民工的这一比例为 27.2%。这说明：比较而言，第一代农民工的收入水平

表 4-2　两代农民工经济层面城市融入的显著性差异

	就业稳定性（B11）	
	不稳定/%	稳定/%
新生代农民工（357 人）	47.8	52.2
第一代农民工（371 人）	59.6	40.4
卡方检验 $\chi^2=10.211$，$df=1$，$p=0.001$		

	月收入（B13）		
	2000 元以下/%	2000～3000 元/%	3000 元以上/%
新生代农民工（357 人）	19.8	64.2	15.9
第一代农民工（371 人）	27.2	58.0	14.8
卡方检验 $\chi^2=5.544$，$df=2$，$p=0.063$			

在整体上要低于新生代农民工。关于两代农民工在就业稳定性和月收入水平上存在显著性差异的原因,本研究认为,这与新生代农民工无论是在受教育程度还是在职业技能的掌握程度上都明显高于第一代农民工有关。这两方面的优势使得新生代农民工具有较强的文化资本和人力资本,而文化资本和人力资本对于经济层面城市融入来说是至关重要的。

三、新生代农民工经济融入的显著性差异分析

本研究重点将新生代农民工的性别、年龄、婚姻状况、文化程度、流出地等特征与经济层面城市融入的各项指标进行交互分析,结果见表 4-3。

表 4-3　新生代农民工经济层面城市融入的显著性差异

		就业稳定性(B11)	
		不稳定/%	稳定/%
性别	男(131 人)	56.5	43.5
	女(226 人)	42.7	57.3
	卡方检验 $\chi^2=6.301, df=1, p=0.012$		
年龄	30 岁及以下(156 人)	41.4	58.6
	31～35 岁(201 人)	52.7	47.3
	卡方检验 $\chi^2=4.539, df=1, p=0.033$		
文化程度	小学及以下(55 人)	81.8	18.2
	初中(136 人)	59.6	40.4
	高中及以上(166 人)	26.9	73.1
	卡方检验 $\chi^2=62.155, df=2, p=0.000$		
流出地	省外(288 人)	50.2	49.8
	省内(69 人)	37.7	62.3
	卡方检验 $\chi^2=3.484, df=1, p=0.062$		
		职业层次(B12)	
		低/%	高/%
文化程度	小学及以下(55 人)	98.2	1.8
	初中(136 人)	88.2	11.8
	高中及以上(166 人)	71.3	28.7
	卡方检验 $\chi^2=26.213, df=2, p=0.000$		

续表

| | | 月收入（B13） | | |
		2000 元以下/%	2000～3000 元/%	3000 元以上/%
性别	男（131 人）	17.6	54.2	28.2
	女（226 人）	21.1	70.0	8.8
	卡方检验 $\chi^2=23.489, df=2, p=0.000$			
文化程度	小学及以下（55 人）	23.6	63.6	12.7
	初中（136 人）	19.1	73.5	7.4
	高中及以上（166 人）	19.2	56.9	24.0
	卡方检验 $\chi^2=17.098, df=4, p=0.002$			

| | | 月支出（B14） | | |
		1000 元以下/%	1000～1500 元/%	1500 元以上/%
年龄	30 岁及以下（156 人）	28.7	53.5	17.8
	31～35 岁（201 人）	13.9	57.7	28.4
	卡方检验 $\chi^2=13.773, df=2, p=0.001$			
婚姻状况	未婚（185 人）	27.6	54.6	17.8
	已婚（172 人）	12.7	57.2	30.1
	卡方检验 $\chi^2=15.403, df=2, p=0.000$			
文化程度	小学及以下（55 人）	16.4	61.8	21.8
	初中（136 人）	28.7	53.7	17.6
	高中及以上（166 人）	15.0	55.7	29.3
	卡方检验 $\chi^2=12.308, df=4, p=0.015$			

第一，新生代农民工的婚姻状况与就业稳定性（B11）进行交互分析之后，卡方检验不显著。调查对象的性别与就业稳定性（B11）进行交互分析之后，卡方检验显著（$\chi^2=6.301, df=1, p=0.012$），在 0.05 水平上显著。具体来说，男性调查对象就业稳定的比例为 43.5%，而女性调查对象的这一比例为 57.3%。这说明：比较而言，女性调查对象就业的稳定性高于男性调查对象。这与女性对职业的要求同男性不同有关。女性更多的是希望有一份稳定的工作，对这份工作的收入水平、发展前景的要求低一些。而男性对工作的期望值往往要高一些。调查对象的年龄与就业稳定性（B11）进行交互分析之后，卡方检验显著（$\chi^2=4.539, df=1, p=0.033$），在 0.05 水平上显著。具体来说，30 岁及以下调查对象就业稳定的比例为 58.6%，而 31～35 岁调查对象的这

一比例为 47.3%。这说明:比较而言,30 岁及以下调查对象就业的稳定性高于 31~35 岁的调查对象。这与家庭负担的差异有关。比较而言,30 岁及以下调查对象的家庭负担更轻一些,因此,他们对职业的要求不高,有利于就业的稳定。调查对象的文化程度与就业稳定性(B11)进行交互分析之后,卡方检验显著($\chi^2 = 62.155, df = 2, p = 0.000$),在 0.01 水平上显著。具体来说,小学及以下文化程度的调查对象就业稳定的比例为 18.2%,初中文化程度的调查对象的这一比例为 40.4%,高中及以上文化程度的调查对象的这一比例为 73.1%。这说明:比较而言,调查对象的文化程度越高,就业的稳定性就越高。这一现象可以从两个方面解释:一方面,从调查对象本身来说,文化程度越高的调查对象越容易找到一份薪酬待遇、发展前景较好的工作,因此,就业往往比较稳定。另一方面,从工作单位的角度来说,对于文化程度越高的调查对象,工作单位越有可能通过各种途径让其有比较好的工作条件,使其保持稳定的工作状态。调查对象的流出地与就业稳定性(B11)进行交互分析之后,卡方检验显著($\chi^2 = 3.484, df = 1, p = 0.062$),在 0.01 水平上显著。具体来说,来自省外的调查对象就业稳定的比例为 49.8%,而来自省内的调查对象的这一比例为 62.3%。这说明:比较而言,来自省内的调查对象就业的稳定性高于来自省外的调查对象。这种现象的原因可能是,对于来自省内的调查对象来说,其对打工地的文化认同度往往是较高的,社会融入情况也较好,因此,打工地对其拉力是较大的,推力则不大,这有利于工作稳定。而对于来自省外的调查对象来说,其对打工地的文化认同度往往不高,社会融入情况不太理想,因此,打工地对其推力较大,这不利于工作稳定。

第二,新生代农民工的性别、年龄、婚姻状况、流出地等特征与职业层次(B12)进行交互分析之后,卡方检验都不显著。调查对象的文化程度与职业层次(B12)进行交互分析之后,卡方检验显著($\chi^2 = 26.213, df = 2, p = 0.000$),在 0.01 水平上显著。具体来说,小学及以下文化程度的调查对象职业层次高的比例为 1.8%,初中文化程度的调查对象的这一比例为 11.8%,高中及以上文化程度的调查对象的这一比例为 28.7%。这说明:比较而言,文化程度越高的调查对象职业层次高的可能性也会越大。这一结果与本研究的主观预期也是非常吻合的,文化程度作为重要的文化资本对职业层次的影响较大。

第三,新生代农民工的年龄、婚姻状况、流出地等特征与月收入($B13$)进行交互分析之后,卡方检验都不显著。调查对象的性别与月收入($B13$)进行交互分析之后,卡方检验显著($\chi^2 = 23.489, df = 2, p = 0.000$),在 0.01 水平上显著。具体来说,男性调查对象月收入在 2000 元以下的比例为 17.6%,而女性调查对象的这一比例为 21.1%。男性调查对象月收入在 3000 元以上的比例为 28.2%,而女性调查对象的这一比例为 8.8%。这说明:比较而言,男性调查对象的月收入水平要高于女性调查对象。调查对象的文化程度与月收入($B13$)进行交互分析之后,卡方检验显著($\chi^2 = 17.098, df = 4, p = 0.002$),在 0.01 水平上显著。具体来说,小学及以下文化程度、初中文化程度、高中及以上文化程度的调查对象月收入在 2000 元以下的比例分别为 23.6%、19.1%、19.2%,月收入在 2000～3000 元的比例分别为 63.6%、73.5%、56.9%,月收入在 3000 元以上的比例分别为 12.7%、7.4%、24.0%。这说明:比较而言,月收入水平最高的是高中及以上文化程度的调查对象,其次是小学及以下文化程度的调查对象,月收入水平最低的是初中文化程度的调查对象。这是一个非常值得探讨的现象,因为按照本研究的预期和直观判断,月收入水平与文化程度应该是成正比的,也就是说,文化程度越高的人收入水平往往也越高。但是本研究的分析结果并非如此,这是什么原因呢? 经分析认为:近年来,农民工群体的最低工资水平不断提高,使得文化程度低的农民工的收入水平有了明显提升,而文化程度中等的农民工的收入水平却没有明显的变化。

第四,新生代农民工的性别、流出地等特征与月支出($B14$)进行交互分析之后,卡方检验都不显著。调查对象的年龄与月支出($B14$)进行交互分析之后,卡方检验显著($\chi^2 = 13.773, df = 2, p = 0.001$),在 0.01 水平上显著。具体来说,30 岁及以下的调查对象月支出在 1000 元以下的比例为 28.7%,31～35 岁的调查对象的这一比例为 13.9%;30 岁及以下的调查对象月支出在

1500 元以上的比例为 17.8%,31~35 岁的调查对象的这一比例为 28.4%。这说明:比较而言,31~35 岁的调查对象月支出要明显高于 30 岁及以下的调查对象。与 30 岁及以下的调查对象相比,31~35 岁的调查对象的家庭负担更重一些。这一方面是因为成家之后抚育孩子的成本更高了,另一方面是因为这一年龄层的农民工父母年龄更大,使得家庭养老的负担也更重了。调查对象的婚姻状况与月支出($B14$)进行交互分析之后,卡方检验显著($\chi^2=15.403,df=2,p=0.000$),在 0.01 水平上显著。具体来说,未婚的调查对象月支出在 1000 元以下的比例为 27.6%,已婚的调查对象的这一比例为 12.7%,未婚的调查对象月支出在 1500 元以上的比例为 17.8%,已婚的调查对象的这一比例为 30.1%。这说明:比较而言,已婚的调查对象月支出要明显高于未婚的调查对象。调查对象的文化程度与月支出($B14$)进行交互分析之后,卡方检验显著($\chi^2=12.308,df=4,p=0.015$),在 0.05 水平上显著。具体来说,小学及以下文化程度、初中文化程度、高中及以上文化程度的调查对象月支出在 1000 元以下的比例分别为 16.4%、28.7%、15.0%,月支出在 1000~1500 元的比例分别为 61.8%、53.7%、55.7%,月支出在 1500 元以上的比例分别为 21.8%、17.6%、29.3%。这说明:比较而言,月支出水平最高的是高中及以上文化程度的调查对象,其次是小学及以下文化程度的调查对象,月支出水平最低的是初中文化程度的调查对象。这也是一个值得探讨的现象,为什么比较而言初中文化程度的调查对象的月支出水平反而是最低的呢?经分析认为,这一现象存在的原因在于:初中文化程度的调查对象往往面临"夹心层"的困境。一方面,他们的收入水平不如高中及以上文化程度的调查对象;另一方面,他们又不能像小学及以下文化程度的调查对象那样"吃光用光"。

第二节　社会层面城市融入指标体系的构建及其测度

一、社会层面城市融入的指标体系及新生代农民工样本描述

社会层面城市融入建立在经济层面城市融入的基础上,从理想类型来说,新生代农民工只有实现了经济层面的城市融入,才有可能进一步实现社会层面的城市融入。本研究将社会层面城市融入($B2$)具体操作化为与当地人交往情况($B21$)、当地化关系网络数量($B22$)、权益受侵害情况($B23$)三个指标(见表4-4)。就这三个指标对问卷调查数据进行分析,本研究发现:从整体来说,新生代农民工在与当地人的交往情况上,调查对象与当地人"偶尔交往"所占比例是最高的,达到了49.8%;在当地化关系网络数量上,调查对象的分布比较匀称,比例最高的是"3～5个"(30.4%),比例最低的是"1～2个"(21.2%);在权益受侵害情况上,多数调查对象表示"没有"(82.4%)。

表 4-4　社会层面城市融入指标体系的构建及新生代农民工样本描述

一级指标	二级指标	三级指标	描述性分析
城市融入（B）	社会层面城市融入（$B2$）	与当地人交往情况（$B21$）	经常交往(29.3%);偶尔交往(49.8%);没有交往(20.9%)
		当地化关系网络数量（$B22$）	没有(21.8%);1～2个(21.2%);3～5个(30.4%);5个以上(26.5%)
		权益受侵害情况（$B23$）	没有(82.4%);有(17.6%)

注:这个高比例易引起质疑,但是比较而言,新生代农民工权益受侵害的情况确实比第一代农民工要少得多。当然,也有可能是因为涉及隐私问题,有一部分调查对象并不愿意真实填答。

二、两代农民工社会层面城市融入的显著性差异比较

通过对两代农民工这三个指标的问卷调查数据进行比较分析（见表 4-5），本研究发现：在与当地人交往情况（B21）这个指标上，两代农民工存在显著性差异（$X^2 = 17.559, df = 2, p = 0.000$），在 0.01 水平上显著。具体来说，新生代农民工经常与当地人交往的比例为 29.3%，而第一代农民工的这一比例为 44.2%。这说明：比较而言，第一代农民工与当地人交往的频率更高。对于两代农民工在与当地人交往情况上存在显著性差异的原因，本研究认为：第一，与第一代农民工相比，新生代农民工外出务工时间较短、社会融入程度较低、特立独行特征较鲜明；第二，两代农民工在城市中的居住区域存在很大的差异，第一代农民工更多的是居住在一些城乡接合部地区，而新生代农民工的居住区域则开始向真正的城市地区集聚。在城乡接合部地区，农民工与当地居民的同质性相对较高，因此受到的排斥相对就小。

表 4-5　两代农民工社会层面城市融入的显著性差异

	与当地人交往情况（B21）		
	经常交往/%	偶尔交往/%	没有交往/%
新生代农民工（357 人）	29.3	49.8	20.9
第一代农民工（371 人）	44.2	40.4	15.4
卡方检验 $\chi^2 = 17.559, df = 2, p = 0.000$			

三、新生代农民工社会层面城市融入的显著性差异分析

本研究重点将新生代农民工的性别、年龄、婚姻状况、文化程度、流出地等特征与社会层面城市融入的各项指标进行交互分析，结果见表 4-6。

表 4-6　新生代农民工社会层面城市融入的显著性差异

		与当地人交往情况（B21）		
		经常交往/%	偶尔交往/%	没有交往/%
性别	男（131 人）	28.2	57.3	14.5
	女（226 人）	30.0	45.4	24.7
	卡方检验 $\chi^2 = 6.537, df = 2, p = 0.038$			
文化程度	小学及以下（55 人）	36.4	32.7	30.9
	初中（136 人）	23.5	58.1	18.4
	高中及以上（166 人）	31.7	48.5	19.8
	卡方检验 $\chi^2 = 11.122, df = 4, p = 0.025$			

		当地化关系网络数量（B22）			
		没有/%	1～2 个/%	3～5 个/%	5 个以上/%
性别	男（131 人）	15.3	25.2	27.5	32.1
	女（226 人）	25.6	18.9	32.2	23.3
	卡方检验 $\chi^2 = 8.532, df = 3, p = 0.036$				
文化程度	小学及以下（55 人）	20.0	18.2	41.8	20.0
	初中（136 人）	18.4	27.2	30.9	23.5
	高中及以上（166 人）	25.1	17.4	26.3	31.1
	卡方检验 $\chi^2 = 11.322, df = 6, p = 0.079$				

		权益受侵害情况（B23）	
		没有/%	有/%
文化程度	小学及以下（55 人）	87.3	12.7
	初中（136 人）	89.0	11.0
	高中及以上（166 人）	75.4	24.6
	卡方检验 $\chi^2 = 10.514, df = 2, p = 0.005$		
流出地	省外（288 人）	84.4	15.6
	省内（69 人）	73.9	26.1
	卡方检验 $\chi^2 = 4.248, df = 1, p = 0.039$		

第一，新生代农民工的年龄、婚姻状况、流出地等特征与当地人交往情况（B21）进行交互分析之后，卡方检验都不显著。调查对象的性别与当地人交往情况（B21）进行交互分析之后，卡方检验显著（$\chi^2 = 6.537, df = 2, p = 0.038$），在 0.05 水平上显著。具体来说，男性调查对象与当地人没有交往的比例为 14.5％，而女性调查对象的这一比例为 24.7％。这说明：比较而言，男

性调查对象与当地人的交往更多一些。调查对象的文化程度与当地人交往情况($B21$)进行交互分析之后,卡方检验显著($\chi^2=11.122$, $df=4$, $p=0.025$),在0.05水平上显著。具体来说,比较而言,小学及以下文化程度的调查对象与当地人经常交往的比例(36.4%)是最高的,与当地人没有交往的比例(30.9%)也是最高的。这说明:与其他文化程度的调查对象比较而言,小学及以下文化程度的调查对象在与当地人的交往上呈现出非常明显的两极分化现象。这种现象与小学及以下文化程度的新生代农民工所从事的职业类型不无关系。学历较低的新生代农民工往往从事制造业、建筑业、餐饮服务业和其他服务业,从事服务业的群体与当地人的交往机会多,而从事制造业和建筑业的群体与当地人的交往机会则明显要少。于是,产生了上述两极分化的现象,但形式交往并没有根本扭转社会融入不足。

第二,新生代农民工的年龄、婚姻状况、流出地等特征与当地化关系网络数量($B22$)进行交互分析之后,卡方检验都不显著。调查对象的性别与当地化关系网络数量($B22$)进行交互分析之后,卡方检验显著($\chi^2=8.532$, $df=3$, $p=0.036$),在0.05水平上显著。具体来说,男性调查对象没有当地朋友的比例为15.3%,而女性调查对象的这一比例为25.6%。男性调查对象当地朋友的数量在5个以上的比例为32.1%,而女性调查对象的这一比例为23.3%。这说明:比较而言,男性调查对象当地朋友的数量更多一些。调查对象的文化程度与当地化关系网络数量($B22$)进行交互分析之后,卡方检验显著($\chi^2=11.322$, $df=6$, $p=0.079$),在0.1水平上显著。具体来说,比较而言,高中及以上文化程度的调查对象没有当地朋友的比例(25.1%)是最高的,当地朋友的数量在5个以上的比例(31.1%)也是最高的。这说明:与其他文化程度的调查对象比较而言,高中及以上文化程度的调查对象在当地化关系网络数量上呈现出非常明显的两极分化现象。

第三,新生代农民工的性别、年龄、婚姻状况等特征与权益受侵害情况($B23$)进行交互分析之后,卡方检验都不显著。对调查对象的文化程度与权益受侵害情况($B23$)进行交互分析之后,卡方检验显著($\chi^2=10.514$, $df=2$, $p=0.005$),在0.01水平上显著。具体来说,小学及以下文化程度、初中文化程度、高中及以上文化程度的调查对象权益受到过侵害的比例分别为12.7%、

11.0％、24.6％。这说明：比较而言，高中及以上文化程度的调查对象权益有
受侵害的现象明显多于初中及以下文化程度的调查对象。这是一个非常值得
探讨的现象，为什么文化程度高的调查对象其权益更有可能受侵害呢？本研
究认为这有多方面原因，比如文化程度高的调查对象权益保护意识强、权益保
护要求高、权益保护行动能力强。调查对象的流出地与权益受侵害情况
（B23）进行交互分析之后，卡方检验显著（$\chi^2 = 4.248, df = 1, p = 0.039$），在
0.05水平上显著。具体来说，来自省外的调查对象权益有受侵害的比例为
15.6％，而来自省内的调查对象的这一比例为26.1％。这说明：比较而言，来
自省内的调查对象其权益更容易受到侵害。这同样是一个非常值得探讨的现
象。本研究认为，一方面，这与来自省内的调查对象维权意识更强有关，所以
他们对权益受到侵害更为敏感；另一方面，这还与来自省内的调查对象组织化
程度往往不如来自省外的调查对象高有关。背井离乡的共同经历更易使农民
工形成抱团意识，来自省外的调查对象往往会通过组织化方式来进行维权。

第三节　文化层面城市融入指标体系的构建及其测度

一、文化层面城市融入的指标体系及新生代农民工样本描述

　　文化层面城市融入是这几个融入类型中层次最高的，实现文化层面城市
融入是一个自然而然的过程。只有实现了经济和社会层面的城市融入，才能
更好地实现文化层面城市融入。当然，这并不意味着经济、社会和文化这三个
层面的城市融入是截然分开的，经济、社会和文化这三个层面的城市融入在新
生代农民工身上都是有着各种各样表现的。只是说在不同的发展阶段，新生
代农民工的城市融入会有不同的侧重。本研究将文化层面城市融入（B3）细
化为城市认同（B31）、精神状况（B32）、居留意愿（B33）三个指标（见表4-7）。
通过对这三个指标的问卷调查数据进行分析，本研究发现：从整体来说，在城
市认同上，大多数新生代农民工对城市是认同的，这一比例达到了77.7％；从
精神状况来说，选择"较差"和"较好"的比例是一样的，都是50.0％；在居留意

愿上,多数调查对象是愿意居住在城市的,这一比例达到了 60.1%。

表 4-7　文化层面城市融入指标体系的构建及新生代农民工样本描述

一级指标	二级指标	三级指标	描述性分析
城市融入 (B)	文化层面城市融入 (B3)	城市认同(B31)	不认同(22.3%);认同(77.7%)
		精神状况(B32)	较差(50.0%);较好(50.0%)
		居留意愿(B33)	不愿意(39.9%);愿意(60.1%)

二、两代农民工文化层面城市融入的显著性差异比较

通过对两代农民工这三个指标的问卷调查数据进行比较分析(见表4-9),本研究发现:在精神状况(B32)这个指标上,两代农民工存在显著性差异($\chi^2=4.638, df=1, p=0.031$),在 0.05 水平上显著。具体来说,新生代农民工精神状况较好的比例为 50.0%,而第一代农民工的这一比例为 58.0%。这说明:比较而言,第一代农民工的精神状况更好一些。对于两代农民工来说,他们成长于不同的社会环境当中,第一代农民工的成长环境更多保留了传统社会的特质。此外,第一代农民工家庭的稳定性更强,这让他们拥有积极的精神状态。

表 4-8　两代农民工文化层面城市融入的显著性差异

	精神状况(B32)	
	较差/%	较好/%
新生代农民工(357 人)	50.0	50.0
第一代农民工(371 人)	42.0	58.0

卡方检验 $\chi^2=4.638, df=1, p=0.031$

三、新生代农民工文化融入的显著性差异分析

本研究重点将新生代农民工的性别、年龄、婚姻状况、文化程度、流出地等特征与文化层面城市融入的各项指标进行交互分析,结果如表 4-9 所示。

表 4-9　新生代农民工文化层面城市融入的显著性差异

		城市认同($B31$)	
		不认同/%	认同/%
文化程度	小学及以下(55 人)	47.3	52.7
	初中(136 人)	19.1	80.9
	高中及以上(166 人)	16.8	83.2
	卡方检验 $\chi^2=23.506, df=2, p=0.000$		
		精神状况($B32$)	
		较差/%	较好/%
婚姻状况	未婚(185 人)	55.1	44.9
	已婚(172 人)	44.5	55.5
	卡方检验 $\chi^2=4.038, df=1, p=0.044$		
文化程度	小学及以下(55 人)	61.8	38.2
	初中(136 人)	42.6	57.4
	高中及以上(166 人)	52.1	47.9
	卡方检验 $\chi^2=6.307, df=2, p=0.043$		
		居留意愿($B33$)	
		不愿意/%	愿意/%
婚姻状况	未婚(185 人)	45.4	54.6
	已婚(172 人)	34.1	65.9
	卡方检验 $\chi^2=4.760, df=1, p=0.029$		
文化程度	小学及以下(55 人)	54.6	43.6
	初中(136 人)	33.8	66.2
	高中及以上(166 人)	39.5	60.5
	卡方检验 $\chi^2=8.318, df=2, p=0.016$		

第一,新生代农民工的性别、年龄、婚姻状况、流出地等特征与城市认同($B31$)进行交互分析之后,卡方检验都不显著。调查对象的文化程度与城市认同($B31$)进行交互分析之后,卡方检验显著($\chi^2=23.506, df=2, p=0.000$),在 0.01 水平上显著。具体来说,小学及以下文化程度、初中文化程度、高中及以上文化程度的调查对象认同所在城市的比例分别为 52.7%、80.9%、83.2%。这说明:比较而言,初中及以上文化程度的调查对象对所在城市的认同感明显要强于小学及以下文化程度的调查对象。

第二,新生代农民工的性别、年龄、流出地等特征与精神状况($B32$)进行交互分析之后,卡方检验都不显著。调查对象的婚姻状况与精神状况($B32$)进行交互分析之后,卡方检验显著($\chi^2=4.038,df=1,p=0.044$),在0.05水平上显著。具体来说,未婚调查对象精神状况较好的比例为44.9%,而已婚调查对象的这一比例为55.5%。这说明:比较而言,已婚调查对象的精神状况好于未婚调查对象。调查对象的文化程度与精神状况($B32$)进行交互分析之后,卡方检验显著($\chi^2=6.307,df=2,p=0.043$),在0.05水平上显著。具体来说,小学及以下文化程度、初中文化程度、高中及以上文化程度的调查对象精神状况较好的比例分别为38.2%、57.4%、47.9%。这说明:精神状况最好的是初中文化程度的调查对象,其次是高中及以上文化程度的调查对象,精神状况最差的是小学及以下文化程度的调查对象。本研究认为,这同城市预期与实现预期的手段之间的一致性有关。高中及以上文化程度的群体预期过高而手段不足导致精神状态欠佳,小学及以下文化程度的群体有一定预期而手段过于不足导致精神状态差,而初中文化程度的群体则因为预期与手段相对平衡从而有一个比较积极向上的精神状态。

第三,新生代农民工的性别、年龄、流出地等特征与居留意愿($B33$)进行交互分析之后,卡方检验都不显著。调查对象的婚姻状况与居留意愿($B33$)进行交互分析之后,卡方检验显著($\chi^2=4.760,df=1,p=0.029$),在0.05水平上显著。具体来说,未婚调查对象愿意居住在城市的比例为54.6%,而已婚调查对象的这一比例为65.9%。这说明:与未婚调查对象相比,已婚调查对象更加愿意居住在城市。调查对象的文化程度与居留意愿($B33$)进行交互分析之后,卡方检验显著($\chi^2=8.318,df=2,p=0.016$),在0.05水平上显著。具体来说,小学及以下文化程度、初中文化程度、高中及以上文化程度的调查对象愿意居住在城市的比例分别为43.6%、66.2%、60.5%。这说明:与小学及以下文化程度的调查对象相比,初中及以上文化程度的调查对象更加愿意居住在城市。本研究认为,初中及以上文化程度的调查对象往往收入水平更高,社会交往圈的城市特征更浓,对城市文化的认同感更强,这些因素的存在大大提升了他们在城市居住的意愿。

第五章

社区支持模式指标构建及测度

新生代农民工的迁移意愿和城市融入状况受制于宏观制度、个人特征等诸多因素,同时也受到微观场域——社区的重要影响。事实上,由于发展的非均衡性,城市中不同社区之间往往存在着非常大的差距。社区之间的差距直接表现在为新生代农民工城市融入提供的支持能力和水平的差距上。因此,社区支持应成为新生代农民工城市融入的重要影响指标。在借鉴以往研究的基础上,本研究将社区支持(A)这一变量细化为社区配套支持($A1$)、社区服务支持($A2$)、社区组织支持($A3$)、社区关系支持($A4$)四个指标,进而又将这四个指标进行操作化,从而完成了一级指标、二级指标、三级指标变量操作化过程。本章将对社区支持指标体系进行测度分析。

第一节　社区配套支持指标体系的构建及其测度

一、社区配套支持指标体系及新生代农民工样本描述

社区支持首先表现为社区的硬件情况即配套设施,社区的配套设施会直接影响新生代农民工的城市融入。在借鉴以往研究和考虑新生代农民工自身

特征的基础上,本研究将社区配套支持(A1)具体细化为社区图书馆拥有情况(A11)、社区健身器材拥有情况(A12)、社区医院拥有情况(A13)、社区活动场所拥有情况(A14)四个指标。通过对这四个指标的问卷调查数据进行分析,本研究发现:从整体来说,新生代农民工所居住社区的配套情况是不容乐观的。比较而言,社区拥有医院的比例是最高的,达到了17.6%,社区拥有健身器材和活动场所的情况还可以,占比分别达到了14.0%、15.6%,社区拥有图书馆的比例是最低的,只有6.7%,详见表5-1。

表 5-1　社区配套支持指标体系的构建及新生代农民工样本描述

一级指标	二级指标	三级指标	描述性分析
社区支持 (A)	社区配套支持 (A1)	社区图书馆拥有情况(A11)	有(6.7%);没有(93.3%)
		社区健身器材拥有情况(A12)	有(14.0%);没有(86.0%)
		社区医院拥有情况(A13)	有(17.6%);没有(82.4%)
		社区活动场所拥有情况(A14)	有(15.6%);没有(84.4%)

二、两代农民工社区配套支持的显著性差异比较

本研究通过对两代农民工这四个指标的问卷调查数据进行比较分析(见表5-2),发现以下三点:第一,在社区图书馆拥有情况(A11)这个指标上,两代农民工存在显著性差异($\chi^2 = 21.406, df = 1, p = 0.000$),在 0.01 水平上显著。具体来说,新生代农民工所在社区拥有图书馆的比例为 6.7%,而第一代农民工的这一比例为 18.5%。这说明:比较而言,第一代农民工所在社区更有可能拥有图书馆。第二,在社区健身器材拥有情况(A12)这个指标上,两代农民工存在显著性差异($\chi^2 = 14.138, df = 1, p = 0.000$),在 0.01 水平上显著。具体来说,新生代农民工所在社区拥有健身器材的比例为 14.0%,而第一代农民工的这一比例为 25.6%。这说明:比较而言,第一代农民工所在社区更有可能拥有健身器材。第三,在社区医院拥有情况(A13)这个指标上,两代农民工存在显著性差异($\chi^2 = 4.081, df = 1, p = 0.043$),在 0.05 水平上显著。具体来说,新生代农民工所在社区拥有医院的比例为 17.6%,而第一代

农民工的这一比例为 24.2％。这说明：比较而言，第一代农民工所在社区更
有可能拥有医院。这与两代农民工的进城模式及生活娱乐方式相关。第一代
农民工中不少都举家进城，而新生代农民工中未婚、未育的比例更高，同时新
生代农民工更倾向于将互联网作为休闲娱乐渠道，对硬件设施的要求反而没
那么高。这客观造上成了两代农民工居住社区在图书馆、健身器材、医院等硬
件设施的配备上存在明显差异。

表 5-2　两代农民工社区配套支持的显著性差异

	社区图书馆拥有情况(A11)	
	有/％	没有/％
新生代农民工(357 人)	6.7	93.3
第一代农民工(371 人)	18.5	81.5
卡方检验 $\chi^2=21.406,df=1,p=0.000$		
	社区健身器材拥有情况(A12)	
	有/％	没有/％
新生代农民工(357 人)	14.0	86.0
第一代农民工(371 人)	25.6	74.4
卡方检验 $\chi^2=14.138,df=1,p=0.000$		
	社区医院拥有情况(A13)	
	有/％	没有/％
新生代农民工(357 人)	17.6	82.4
第一代农民工(371 人)	24.2	75.8
卡方检验 $\chi^2=4.081,df=1,p=0.043$		

三、新生代农民工社区配套支持的显著性差异分析

本研究重点将新生代农民工的性别、年龄、婚姻状况、文化程度、流出地等
特征与社区配套支持的各项指标进行交互分析，结果如表 5-3 所示。

表 5-3　新生代农民工社区配套支持的显著性差异

		社区图书馆拥有情况（A11）	
		有/%	没有/%
婚姻状况	未婚（185 人）	3.8	96.2
	已婚（172 人）	9.8	90.2
	卡方检验 $\chi^2=5.219, df=1, p=0.022$		
		社区医院拥有情况（A13）	
		有/%	没有/%
婚姻状况	未婚（185 人）	13.0	87.0
	已婚（172 人）	22.5	77.5
	卡方检验 $\chi^2=5.647, df=1, p=0.017$		
流出地	省外（288 人）	15.6	84.4
	省内（69 人）	26.1	73.9
	卡方检验 $\chi^2=4.248, df=1, p=0.039$		
		社区活动场所拥有情况（A14）	
		有/%	没有/%
文化程度	小学及以下（55 人）	7.3	92.7
	初中（136 人）	14.0	86.0
	高中及以上（166 人）	19.8	80.2
	卡方检验 $\chi^2=5.354, df=2, p=0.069$		
流出地	省外（288 人）	13.8	86.2
	省内（69 人）	23.2	76.8
	卡方检验 $\chi^2=3.688, df=1, p=0.055$		

注：为简化类型分析，在这里本研究将离异（14 人）、丧偶（4 人）并入未婚。

　　第一，新生代农民工的性别、年龄、文化程度、流出地等特征与社区图书馆拥有情况（A11）进行交互分析之后，卡方检验都不显著。调查对象的婚姻状况与社区图书馆拥有情况（A11）进行交互分析之后，卡方检验显著（$\chi^2=$

$5.219, df=1, p=0.022$），在 0.05 水平上显著。具体来说，未婚调查对象所在社区拥有图书馆的比例为 3.8%，而已婚调查对象的这一比例为 9.8%。这说明：比较而言，已婚调查对象所在社区更有可能拥有图书馆。

第二，新生代农民工的性别、年龄、婚姻状况、文化程度、流出地等特征与社区健身器材拥有情况（A12）进行交互分析之后，卡方检验都不显著。这说明：社区健身器材的拥有情况不存在显著的群体特征差异。

第三，新生代农民工的性别、年龄、文化程度等特征与社区医院拥有情况（A13）进行交互分析之后，卡方检验都不显著。调查对象的婚姻状况与社区医院拥有情况（A13）进行交互分析之后，卡方检验显著（$\chi^2=5.647, df=1, p=0.017$），在 0.05 水平上显著。具体来说，未婚调查对象所在社区拥有医院的比例为 13.0%，而已婚调查对象的这一比例为 22.5%。这说明：比较而言，已婚调查对象所在社区更有可能拥有医院。调查对象的流出地与社区医院拥有情况（A13）进行交互分析之后，卡方检验显著（$\chi^2=4.248, df=1, p=0.039$），在 0.05 水平上显著。具体来说，来自省外的调查对象所在社区拥有医院的比例为 15.6%，而来自省内的调查对象的这一比例为 26.1%。这说明：比较而言，来自省内的调查对象所在社区更有可能拥有医院。

第四，新生代农民工的性别、年龄、婚姻状况等特征与社区活动场所拥有情况（A14）进行交互分析之后，卡方检验都不显著。调查对象的文化程度与社区活动场所拥有情况（A14）进行交互分析之后，卡方检验显著（$\chi^2=5.354, df=2, p=0.069$），在 0.1 水平上显著。具体来说，小学及以下文化程度的调查对象所在社区拥有活动场所的比例为 7.3%，初中文化程度的调查对象的这一比例为 14.0%，而高中及以上文化程度的调查对象的这一比例为 19.8%。这说明：文化程度越高的调查对象所在社区更有可能拥有活动场所。调查对象的流出地与社区活动场所拥有情况（A14）进行交互分析之后，卡方检验显著（$\chi^2=3.688, df=1, p=0.055$），在 0.1 水平上显著。具体来说，来自省外的调查对象所在社区拥有活动场所的比例为 13.8%，而来自省内的调查对象的这一比例为 23.2%。这说明：比较而言，来自省内的调查对象所在社区更有可能拥有活动场所。

第二节　社区服务支持指标体系的构建及其测度

一、社区服务支持指标体系及新生代农民工样本描述

　　与社区硬件设施的配套情况相对应,社区支持还涉及社区的软件配套,也就是社区提供的服务。社区提供的服务与新生代农民工的生活息息相关,从而直接影响到新生代农民工的城市融入。在借鉴以往研究和考虑新生代农民工自身特征的基础上,本研究将社区服务支持(A2)细化为社区提供就业服务(A21)、社区提供住房服务(A22)、社区提供医疗服务(A23)、社区提供帮扶救助服务(A24)、社区提供孩子上学服务(A25)五个指标。通过对这五个指标的问卷调查数据进行分析,本研究发现:从整体来说,新生代农民工所居住社区提供服务的情况是不容乐观的。比较而言,社区提供医疗服务的比例是最高的,达到了25.4%,社区提供就业服务和孩子上学服务的比例分别为15.9%、14.5%。社区提供住房服务和帮扶救助服务的比例是较低的,分别只有10.1%、9.8%,详见表5-4。

表 5-4　社区服务支持指标体系的构建及新生代农民工样本描述

一级指标	二级指标	三级指标	描述性分析
社区支持 (A)	社区服务支持 (A2)	社区提供就业服务(A21)	有(15.9%);没有(84.1%)
		社区提供住房服务(A22)	有(10.1%);没有(89.9%)
		社区提供医疗服务(A23)	有(25.4%);没有(74.6%)
		社区提供帮扶救助服务(A24)	有(9.8%);没有(90.2%)
		社区提供孩子上学服务(A25)	有(14.5%);没有(85.5%)

二、两代农民工社区服务支持的显著性差异比较

　　通过对两代农民工这五个指标的问卷调查数据进行比较分析(见表5-5),本研究发现以下三点:第一,在社区提供就业服务(A21)这个指标上,两代农

民工存在显著性差异($\chi^2 = 12.625, df = 1, p = 0.006$),在 0.01 水平上显著。具体来说,新生代农民工所在社区提供就业服务的比例为 15.9%,而第一代农民工的这一比例为 26.0%。这说明:比较而言,第一代农民工所在社区更有可能提供就业服务。第二,在社区提供帮扶救助服务($A24$)这个指标上,两代农民工存在显著性差异($\chi^2 = 6.231, df = 1, p = 0.013$),在 0.05 水平上显著。具体来说,新生代农民工所在社区提供帮扶救助服务的比例为 9.8%,而第一代农民工的这一比例为 16.2%。这说明:比较而言,第一代农民工所在社区更有可能提供帮扶救助服务。第三,在社区提供孩子上学服务($A25$)这个指标上,两代农民工存在显著性差异($\chi^2 = 3.878, df = 1, p = 0.049$),在 0.05 水平上显著。具体来说,新生代农民工所在社区提供孩子上学服务的比例为 14.5%,而第一代农民工的这一比例为 20.3%。这说明,比较而言,第一代农民工所在社区更有可能提供孩子上学服务。

表 5-5　两代农民工社区服务支持的显著性差异

	社区提供就业服务($A21$)	
	有/%	没有/%
新生代农民工(357 人)	15.9	84.1
第一代农民工(371 人)	26.0	74.0
卡方检验 $\chi^2 = 12.625, df = 1, p = 0.006$		
	社区提供帮扶救助服务($A24$)	
	有/%	没有/%
新生代农民工(357 人)	9.8	90.2
第一代农民工(371 人)	16.2	83.8
卡方检验 $\chi^2 = 6.231, df = 1, p = 0.013$		
	社区提供孩子上学服务($A25$)	
	有/%	没有/%
新生代农民工(357 人)	14.5	85.5
第一代农民工(371 人)	20.3	79.7
卡方检验 $\chi^2 = 3.878, df = 1, p = 0.049$		

三、新生代农民工社区服务支持的显著性差异分析

本研究重点将新生代农民工的性别、年龄、婚姻状况、文化程度、流出地等特征与社区服务支持的各项指标进行交互分析,结果如表 5-6 所示。

表 5-6　新生代农民工社区服务支持的显著性差异

		社区提供就业服务(A21)	
		有/%	没有/%
流出地	省外(288 人)	17.6	82.4
	省内(69 人)	8.7	91.3
	卡方检验 $\chi^2=3.334,df=1,p=0.068$		
		社区提供孩子上学服务(A25)	
		有/%	没有/%
年龄	30 岁及以下(156 人)	8.9	91.1
	31~35 岁(201 人)	18.9	81.1
	卡方检验 $\chi^2=7.083,df=1,p=0.008$		
婚姻状况	未婚(185 人)	9.7	90.3
	已婚(172 人)	19.7	80.3
	卡方检验 $\chi^2=7.091,df=1,p=0.008$		

第一,新生代农民工的性别、年龄、婚姻状况、文化程度等特征与社区提供就业服务(A21)进行交互分析之后,卡方检验都不显著。调查对象的流出地与社区提供就业服务(A21)进行交互分析之后,卡方检验显著($\chi^2=3.334$,$df=1,p=0.068$),在 0.1 水平上显著。具体来说,来自省外的调查对象所在社区提供就业服务的比例为 17.6%,而来自省内的调查对象的这一比例为 8.7%。这说明:来自省外的调查对象所在社区更有可能提供就业服务。

第二,新生代农民工的性别、年龄、婚姻状况、文化程度、流出地等特征与社区提供住房服务(A22)进行交互分析之后,卡方检验都不显著。这说明:社区提供住房服务情况不存在显著的群体特征差异。

　　第三,新生代农民工的性别、年龄、婚姻状况、文化程度、流出地等特征与社区提供医疗服务(A23)进行交互分析之后,卡方检验都不显著。这说明:社区提供医疗服务情况不存在显著的群体特征差异。

　　第四,新生代农民工的性别、年龄、婚姻状况、文化程度、流出地等特征与社区提供帮扶救助服务(A24)进行交互分析之后,卡方检验都不显著。这说明:社区提供帮扶救助服务情况不存在显著的群体特征差异。

　　第五,新生代农民工的性别、文化程度、流出地等特征与社区提供孩子上学服务(A25)进行交互分析之后,卡方检验都不显著。调查对象的年龄与社区提供孩子上学服务(A25)进行交互分析之后,卡方检验显著($\chi^2=7.083,df=1,p=0.008$),在 0.01 水平上显著。具体来说,30 岁及以下的调查对象所在社区提供孩子上学服务的比例为 8.9%,而 31～35 岁的调查对象的这一比例为 18.9%。这说明:与 30 岁及以下的调查对象所在社区相比,31～35 岁的调查对象所在社区更有可能提供孩子上学服务。从主观需求的角度来说,31～35 岁的调查对象的孩子更有可能处于上学的年龄。另外,经济条件更佳的客观状况也使得 31～35 岁的调查对象居住的社区条件更好,从而更有可能提供孩子上学服务。调查对象的婚姻状况与社区提供孩子上学服务(A25)进行交互分析之后,卡方检验显著($\chi^2=7.091,df=1,p=0.008$),在 0.01 水平上显著。具体来说,未婚调查对象所在社区提供孩子上学服务的比例为 9.7%,而已婚调查对象的这一比例为 19.7%。这说明:比较而言,已婚调查对象所在社区更有可能提供孩子上学服务。

第三节　社区组织支持指标体系的构建及其测度

一、社区组织支持指标体系及新生代农民工样本描述

　　组织是社区支持的有效行动载体,离开了组织这一载体,新生代农民工的城市融入是很难实现的,因此,社区组织支持是社区支持的重要内容。在借鉴以往研究和考虑新生代农民工自身特征的基础上,本研究将社区组织支持(A3)细化为社区农民工组织拥有情况(A31)、社区工会组织拥有情况(A32)、

参加社区公共活动情况($A33$)、参加社区选举活动情况($A34$)四个指标。通过对这四个指标的问卷调查数据进行分析,本研究发现:新生代农民工社区农民工组织和工会组织的拥有的比例都是不高的,24.3%的新生代农民工表示所居住的社区有农民工组织,15.1%的新生代农民工表示所居住的社区有工会组织。同时,新生代农民工参加社区公共活动和选举活动的比例也是不高的,分别只有 19.8%、13.1%,详见表5-7。

表 5-7　社区组织支持指标体系的构建及新生代农民工样本描述

一级指标	二级指标	三级指标	描述性分析
社区支持（A）	社区组织支持（A3）	社区农民工组织拥有情况（A31）	有（24.3%）；没有（28.5%）；不清楚（47.2%）
		社区工会组织拥有情况（A32）	有（15.1%）；没有（15.9%）；不清楚（69.0%）
		参加社区公共活动情况（A33）	有（19.8%）；没有（80.2%）
		参加社区选举活动情况（A34）	有（13.1%）；没有（86.9%）

二、两代农民工社区组织支持的显著性差异比较

通过对两代农民工这四个指标的问卷调查数据进行比较分析（见表5-8），本研究发现以下两方面情况。第一,在社区工会组织拥有情况（$A32$）这个指标上,两代农民工存在显著性差异（$\chi^2=25.319, df=2, p=0.000$）,在0.01水平上显著。具体来说,新生代农民工所在社区拥有工会组织的比例为15.1%,而第一代农民工的这一比例为29.6%。这说明:比较而言,第一代农民工所在社区更有可能拥有工会组织。原因可能在于,第一代农民工抱团外出务工的比例更高,他们对组织的需求也更加强烈。同时,第一代农民工外出务工主要分布在劳动密集型产业,他们当中有很多都是居住在务工单位的集体宿舍,这些社区的单位特征是非常浓厚的,这种居住形式大大增加了所在社区拥有工会组织的可能性。而对于新生代农民工来说,他们抱团外出务工的比例下降,同时,他们外出务工的产业分布也越来越多元化,特别是在服务业中务工的人员所占比例越来越高。第二,在参加社区选举活动情况（$A34$）这个指标上,两代农民工存在显著性差异（$\chi^2=19.152, df=1, p=0.000$）,在

0.01水平上显著。具体来说,新生代农民工参加过社区选举活动的比例为13.1%,而第一代农民工的这一比例为22.3%。这说明:比较而言,第一代农民工更有可能参加过社区选举活动。与新生代农民工相比,第一代农民工的政治参与意愿更加强烈。另外,由于进城务工的时间不同,第一代农民工的社区融入度往往要高于新生代农民工,这对于提升第一代农民工参加社区选举活动的可能性也有促进作用。

表 5-8　两代农民工社区组织支持的显著性差异

	社区工会组织拥有情况(A32)		
	有/%	没有/%	不清楚/%
新生代农民工(357 人)	15.1	15.9	69.0
第一代农民工(371 人)	29.6	14.2	56.2
卡方检验 $\chi^2=25.319, df=2, p=0.000$			
	参加社区选举活动情况(A34)		
	有/%	没有/%	不清楚/%
新生代农民工(357 人)	13.1	86.9	
第一代农民工(371 人)	22.3	77.7	
卡方检验 $\chi^2=19.152, df=1, p=0.000$			

三、新生代农民工社区组织支持的显著性差异分析

本研究重点将新生代农民工的性别、年龄、婚姻状况、文化程度、流出地等特征与社区组织支持的各项指标进行交互分析,结果如表 5-9 所示。

表 5-9　新生代农民工社区组织支持的显著性差异

		社区农民工组织拥有情况(A31)		
		有/%	没有/%	不清楚/%
婚姻状况	未婚(185 人)	23.2	24.3	52.5
	已婚(172 人)	25.4	32.9	41.7
	卡方检验 $\chi^2=4.725, df=2, p=0.094$			

续表

		社区工会组织拥有情况(A32)		
		有/%	没有/%	不清楚/%
文化程度	小学及以下(55 人)	21.8	1.8	76.4
	初中(136 人)	16.9	24.3	58.8
	高中及以上(166 人)	11.4	13.8	74.8
	卡方检验 $\chi^2=20.079,df=4,p=0.000$			

		参加社区公共活动情况(A33)	
		有/%	没有/%
文化程度	小学及以下(55 人)	29.1	70.9
	初中(136 人)	21.3	78.7
	高中及以上(166 人)	15.6	84.4
	卡方检验 $\chi^2=5.065,df=2,p=0.079$		
流出地	省外(288 人)	17.6	82.4
	省内(69 人)	29.0	71.0
	卡方检验 $\chi^2=4.504,df=1,p=0.034$		

第一,新生代农民工的性别、年龄、文化程度、流出地等特征与社区农民工组织拥有情况(A31)进行交互分析之后,卡方检验都不显著。调查对象的婚姻状况与社区农民工组织拥有情况(A31)进行交互分析之后,卡方检验显著($\chi^2=4.725,df=2,p=0.094$),在 0.1 水平上显著。具体来说,未婚调查对象和已婚调查对象所在社区有农民工组织的比例相差不大,其比例分别为 23.2%、25.4%。未婚调查对象所在社区没有农民工组织的比例为 24.3%,而已婚调查对象的这一比例为 32.9%。未婚调查对象不清楚所在社区是否有农民工组织的比例为 52.5%,而已婚调查对象的这一比例为 41.7%。由此可见:与未婚调查对象比较而言,已婚调查对象表示所在社区有农民工组织的比例相差不大,表示没有农民工组织的比例更高,表示不清楚的比例更低。从整体来说,社区的农民工组织数量是非常有限的,这直接影响了新生代农民工

的组织参与水平,从而影响其城市融入。亨廷顿(Samuel P. Huntington)等认为:"有两条不同的渠道可以实现高水平的政治参与:流动渠道和组织渠道。"①具体而言,个人通过流动提高经济和社会地位,提升个人效能和知识水平,实现高水平政治参与,并加入组织;组织渠道则是通过群体(阶层、社区或邻里)意识和内部凝聚力的增强形成组织然后实现政治参与。根据亨廷顿的观点,流动渠道强调组织参与是政治参与的结果,组织渠道强调政治参与是组织参与的结果。本研究更倾向于组织渠道的观点,认为政治参与是组织参与的结果,这也就凸显出了社区农民工组织的重要性。

第二,新生代农民工的性别、年龄、婚姻状况、流出地等特征与社区工会组织拥有情况(A32)进行交互分析之后,卡方检验都不显著。调查对象的文化程度与社区工会组织拥有情况(A32)进行交互分析之后,卡方检验显著(χ^2=20.079,df=4,p=0.000),在0.01水平上显著。具体来说,小学及以下文化程度、初中文化程度、高中及以上文化程度的调查对象表示所在社区拥有工会组织的比例分别为21.8%、16.9%、11.4%,表示所在社区没有工会组织的比例分别为1.8%、24.3%、13.8%,表示不清楚的比例分别为76.4%、58.8%、74.8%。这说明:文化程度越高的调查对象表示所在社区有工会组织的比例反而越低。这与文化程度高的群体选择居住的社区形态有关,现代新型城市社区尤其是以商品房为主的城市社区设置工会的比例不高,而文化程度高、收入状况好的新生代农民工更愿意选择在这类社区居住。同时,文化程度高的新生代农民工维权的方式和渠道相对多元且顺畅,是否有工会并不是他们选择社区的主要参考因素。

第三,新生代农民工的性别、年龄、婚姻状况等特征与参加社区公共活动情况(A33)进行交互分析之后,卡方检验都不显著。调查对象的文化程度与参加社区公共活动情况(A33)进行交互分析之后,卡方检验显著(χ^2=5.065,df=2,p=0.079),在0.1水平上显著。具体来说,小学及以下文化程度调查对象参加过社区公共活动的比例为29.1%,初中文化程度调查对象的这一比例为21.3%,高中及以上文化程度调查对象的这一比例为15.6%。这说明:

---

① 塞缪尔·亨廷顿,琼·纳尔逊.难以抉择:发展中国家的政治参与[M].汪晓寿,等译.北京:华夏出版社,1989:100-101.

文化程度越高的调查对象参加过社区公共活动的比例反而越低。调查对象的流出地特征与参加社区公共活动情况(A33)进行交互分析之后,卡方检验显著($\chi^2=4.504,df=1,p=0.034$),在 0.05 水平上显著。具体来说,来自省外的调查对象参加过社区公共活动的比例为 17.6%,而来自省内的调查对象的这一比例为 29.0%。来自省内的调查对象更可能参加社区公共活动。产生这种差异的原因在于:一方面,来自省内的调查对象有更多的关系网络可以利用;另一方面,来自省内的调查对象主人翁意识更加浓厚。

第四,新生代农民工的性别、年龄、婚姻状况、文化程度、流出地等特征与参加社区选举活动情况(A34)进行交互分析之后,卡方检验都不显著。这说明:调查对象参加社区选举活动的情况不存在显著的群体特征差异。社会学家阿历克斯·英克尔斯(Alex Inkeles)认为:"政治现代化是经济与社会现代化不可缺少的条件。国民积极'参与'社会政治生活是现代性的表现。而个人获得现代性后必定会更积极地参与国家公共事务。"[①]因此,对于新生代农民工的城市融入来说,其在社区中参与社会公共政治生活是非常重要的。

第四节　社区关系支持指标体系的构建及其测度

一、社区关系支持指标体系及新生代农民工样本描述

在借鉴以往研究和新生代农民工自身特征的基础上,本研究将社区关系支持(A4)细化为社区居民熟悉度(A41)、社区当地居民态度(A42)、社区的社会排斥情况(A43)、社区认同感(A44)、社区和谐性(A45)五个指标。通过对这五个指标的数据分析,本研究发现:新生代农民工社区居民熟悉情况还是可以的,调查对象表示熟悉、一般、不熟悉的比例分别为 34.6%、34.1%、31.3%。社区当地居民态度的情况相对要差一些,新生代农民工认为友好、一般、不友好的比例分别为 16.5%、65.9%、17.6%,表示一般的比例是比较高的。社区的社会排斥情况也是不少的,新生代农民工表示社区有社会排斥的比例达到了 27.7%。社区认同感也还是可以的,新生代农民工表示认同、一般、不

---

① 阿历克斯·英克尔斯,等. 人的现代化[M]. 殷陆君,编译. 成都:四川人民出版社,1985:61.

认同的比例分别为 49.7%、35.5%、14.8%，表示不认同的比例并不高。社区和谐性相对要差一些，新生代农民工认为和谐、一般、不和谐的比例分别为29.6%、24.3%、46.1%，认为不和谐的比例略高，详见表 5-10。

表 5-10　社区关系支持指标体系的构建及新生代农民工样本描述

一级指标	二级指标	三级指标	描述性分析
社区支持（A）	社区关系支持（A4）	社区居民熟悉度（A41）	熟悉（34.6%）；一般（34.1%）；不熟悉（31.3%）
		社区当地居民态度（A42）	友好（16.5%）；一般（65.9%）；不友好（17.6%）
		社区的社会排斥情况（A43）	有（27.7%）；没有（72.3%）
		社区认同感（A44）	认同（49.7%）；一般（35.5%）；不认同（14.8%）
		社区和谐性（A45）	和谐（29.6%）；一般（24.3%）；不和谐（46.1%）

二、两代农民工社区关系支持的显著性差异比较

通过对两代农民工这五个指标的问卷调查数据进行比较分析（见表 5-11），发现：第一，在社区居民熟悉度（A41）这个指标上，两代农民工存在显著性差异（$\chi^2 = 12.568, df = 2, p = 0.002$），在 0.01 水平上显著。具体来说，新生代农民工与社区居民熟悉的比例为 34.6%，而第一代农民工的这一比例为 47.2%。这说明：比较而言，第一代农民工与社区居民的熟悉度更高。第二，在社区认同感（A44）这个指标上，两代农民工存在显著性差异（$\chi^2 = 8.808, df = 2, p = 0.012$），在 0.05 水平上显著。具体来说，新生代农民工对所在社区认同的比例为 49.7%，而第一代农民工的这一比例为 60.6%。这说明：比较而言，第一代农民工对所在社区的认同感更强。上述两点与两代农民工在社区中的居住时间有关，一般而言，在社区中居住时间越长，社区认同感也会越强。第三，在社区和谐性（A45）这个指标上，两代农民工存在显著性差异（$\chi^2 = 9.119, df = 2, p = 0.010$），在 0.01 水平上显著。具体来说，新生代农民工认为所在社区关系和谐的比例为 29.6%，而第一代农民工的这一比例为

40.2%。这说明:比较而言,第一代农民工更有可能认为所在社区关系和谐。这与两代农民工的城市和社会认知相关,与第一代农民工相比,新生代农民工更易受网络、舆论及媒体的影响,从而对聚居空间的社会关系产生一定的消极认知。

表 5-11 两代农民工社区关系支持的显著性差异

	社区居民熟悉度(A41)		
	熟悉/%	一般/%	不熟悉/%
新生代农民工(357 人)	34.6	34.1	31.3
第一代农民工(371 人)	47.2	25.3	27.5
卡方检验 $\chi^2 = 12.568, df = 2, p = 0.002$			
	社区认同感(A44)		
	认同/%	一般/%	不认同/%
新生代农民工(357 人)	49.7	35.5	14.8
第一代农民工(371 人)	60.6	29.1	10.2
卡方检验 $\chi^2 = 8.808, df = 2, p = 0.012$			
	社区和谐性(A45)		
	和谐/%	一般/%	不和谐/%
新生代农民工(357 人)	29.6	24.3	46.1
第一代农民工(371 人)	40.2	21.8	38.0
卡方检验 $\chi^2 = 9.119, df = 2, p = 0.010$			

三、新生代农民工社区关系支持的显著性差异分析

本研究重点通过对新生代农民工的性别、年龄、婚姻状况、文化程度、流出地等特征与社区关系支持的各项指标进行交互分析,结果如表 5-12 所示。

表 5-12　新生代农民工社区关系支持的显著性差异

		社区居民熟悉度(A41)		
		熟悉/%	一般/%	不熟悉/%
文化程度	小学及以下(55 人)	30.9	47.3	21.8
	初中(136 人)	44.1	32.4	23.5
	高中及以上(166 人)	28.1	31.1	40.7
	卡方检验 $\chi^2=18.076, df=4, p=0.001$			
		社区当地居民态度(A42)		
		友好/%	一般/%	不友好/%
性别	男(131 人)	19.1	71.8	9.1
	女(226 人)	15.0	62.6	22.4
	卡方检验 $\chi^2=10.274, df=2, p=0.006$			
文化程度	小学及以下(55 人)	23.6	41.8	34.5
	初中(136 人)	13.2	77.9	8.8
	高中及以上(166 人)	16.8	64.1	19.2
	卡方检验 $\chi^2=25.659, df=4, p=0.000$			
		社区认同感(A44)		
		认同/%	一般/%	不认同/%
性别	男(131 人)	57.3	28.2	14.5
	女(226 人)	45.4	39.6	15.0
	卡方检验 $\chi^2=5.414, df=2, p=0.067$			
文化程度	小学及以下(55 人)	43.6	27.3	29.1
	初中(136 人)	57.4	27.2	15.4
	高中及以上(166 人)	45.5	44.9	9.6
	卡方检验 $\chi^2=21.152, df=4, p=0.000$			
流出地	省外(288 人)	52.6	32.9	14.5
	省内(69 人)	37.7	46.4	14.9
	卡方检验 $\chi^2=5.430, df=2, p=0.066$			

第一,新生代农民工的性别、年龄、婚姻状况、流出地等特征与社区居民熟悉度(A41)进行交互分析之后,卡方检验都不显著。调查对象的文化程度与社区居民熟悉度(A41)进行交互分析之后,卡方检验显著($\chi^2=18.076, df=4, p=0.001$),在0.01水平上显著。具体来说,小学及以下文化程度、初中文化程度、高中及以上文化程度的调查对象表示熟悉的比例分别为30.9%、44.1%、28.1%,表示一般的比例分别为47.3%、32.4%、31.1%,表示不熟悉的比例分别为21.8%、23.5%、40.7%。这说明:文化程度越高的调查对象与社区居民反而越不熟悉。本研究发现文化程度越高的调查对象与工作单位、同事及亲友圈的交往更为密切,与社区居民的交往比较少,这降低了他们与社区居民的熟悉度。

第二,新生代农民工的年龄、婚姻状况、流出地等特征与社区当地居民态度(A42)进行交互分析之后,卡方检验都不显著。调查对象的性别与社区当地居民态度(A42)进行交互分析之后,卡方检验显著($\chi^2=10.274, df=2, p=0.006$),在0.01水平上显著。具体来说,男性和女性调查对象认为友好的比例分别为19.1%、15.0%,认为一般的比例分别为71.8%、62.6%,认为不友好的比例分别为9.1%、22.4%。这说明:比较而言,男性调查对象更有可能认为社区当地居民的态度是友好的。调查对象的文化程度与社区当地居民态度(A42)进行交互分析之后,卡方检验显著($\chi^2=25.659, df=4, p=0.000$),在0.01水平上显著。具体来说,小学及以下文化程度、初中文化程度、高中及以上文化程度的调查对象认为友好的比例分别为23.6%、13.2%、16.8%,认为一般的比例分别为41.8%、77.9%、64.1%,认为不友好的比例分别为34.5%、8.8%、19.2%。比较而言,小学及以下文化程度的调查对象认为友好和不友好的比例都是最高的。这说明:小学及以下文化程度的调查对象对社区当地居民态度的认知表现出了明显的两极分化趋势。这种分化现象如前所述,与该群体的职业类型相关。

第三,新生代农民工的性别、年龄、婚姻状况、文化程度、流出地等特征与社区的社会排斥情况(A43)进行交互分析之后,卡方检验都不显著。这说明:调查对象对社区的社会排斥情况认知不存在显著的群体特征差异。

第四,新生代农民工的年龄、婚姻状况等特征与社区认同感(A44)进行交互分析之后,卡方检验都不显著。调查对象的性别与社区认同感(A44)进行交互分析之后，卡方检验显著（$\chi^2 = 5.414, df = 2, p = 0.067$），在 0.1 水平上显著。具体来说，男性和女性调查对象对社区认同的比例分别为 57.3%、45.4%，认同感一般的比例分别为 28.2%、39.6%，不认同的比例分别为 14.5%、15.0%。这说明：比较而言，男性调查对象对社区的认同感更加强一些。调查对象的文化程度与社区认同感（A44）进行交互分析之后，卡方检验显著（$\chi^2 = 21.152, df = 4, p = 0.000$），在 0.01 水平上显著。具体来说，小学及以下文化程度、初中文化程度、高中及以上文化程度的调查对象对社区认同的比例分别为 43.6%、57.4%、45.5%，认同感一般的比例分别为 27.3%、27.2%、44.9%，不认同的比例分别为 29.1%、15.4%、9.6%。这说明：文化程度越高的调查对象对社区的认同感反而越弱。文化程度越高的调查对象往往忙于工作，对社区公共活动的参与度不高，这降低了他们对社区的认同感。调查对象的流出地特征与社区认同感（A44）进行交互分析之后，卡方检验显著（$\chi^2 = 5.430, df = 2, p = 0.066$），在 0.1 水平上显著。具体来说，来自省外和省内的调查对象对社区认同的比例分别为 52.6%、37.7%，认同感一般的比例分别为 32.9%、46.4%，不认同的比例分别为 14.5%、14.9%。这说明：比较而言，来自省外的调查对象对社区的认同感更强。

第五，新生代农民工的性别、年龄、婚姻状况、文化程度、流出地等特征与社区和谐性（A45）进行交互分析之后，卡方检验都不显著。这说明：调查对象对社区和谐性的认知不存在显著的群体特征差异。

第六章

社区支持模式对新生代农民工城市
融入的绩效评估

上述研究将社区支持操作化为社区配套支持、社区服务支持、社区组织支持、社区关系支持四个变量,本章将从这四个变量入手提出研究假设,并评估其对新生代农民工城市融入的绩效。

第一节　研究假设

假设 1:社区配套支持会影响新生代农民工的城市融入。

本研究用四个指标来衡量社区配套支持变量:①社区图书馆的拥有情况;②社区健身器材的拥有情况;③社区医院的拥有情况;④社区活动场所的拥有情况。因此,假设 1 就有了以下四个分假设:

假设 1.1:社区图书馆的拥有情况会影响新生代农民工的城市融入;

假设 1.2:社区健身器材的拥有情况会影响新生代农民工的城市融入;

假设 1.3:社区医院的拥有情况会影响新生代农民工的城市融入;

假设 1.4:社区活动场所的拥有情况会影响新生代农民工的城市融入。

假设 2:社区服务支持会影响新生代农民工的城市融入。

本研究用五个指标来衡量社区服务支持变量:①社区提供就业服务情况;②社区提供住房服务情况;③社区提供医疗服务情况;④社区提供帮扶救助服

务情况；⑤社区提供孩子上学服务情况。因此，假设 2 就有了以下五个分假设：

假设 2.1：社区提供就业服务情况会影响新生代农民工的城市融入；

假设 2.2：社区提供住房服务情况会影响新生代农民工的城市融入；

假设 2.3：社区提供医疗服务情况会影响新生代农民工的城市融入；

假设 2.4：社区提供帮扶救助服务情况会影响新生代农民工的城市融入；

假设 2.5：社区提供孩子上学服务情况会影响新生代农民工的城市融入。

假设 3：社区组织支持会影响新生代农民工的城市融入。

本研究用四个指标来衡量社区组织支持变量：①社区农民工组织拥有情况；②社区工会组织拥有情况；③参加社区公共活动情况；④参加社区选举活动情况。因此，假设 3 就有了以下四个分假设：

假设 3.1：社区农民工组织拥有情况会影响新生代农民工的城市融入；

假设 3.2：社区工会组织拥有情况会影响新生代农民工的城市融入；

假设 3.3：参加社区公共活动情况会影响新生代农民工的城市融入；

假设 3.4：参加社区选举活动情况会影响新生代农民工的城市融入。

假设 4：社区关系支持会影响新生代农民工的城市融入。

本研究用五个指标来衡量社区关系支持变量：①社区居民熟悉度；②社区当地居民态度；③社区的社会排斥情况；④社区认同感；⑤社区和谐性。因此，假设 4 就有了以下五个分假设：

假设 4.1：社区居民熟悉度会影响新生代农民工的城市融入；

假设 4.2：社区当地居民态度会影响新生代农民工的城市融入；

假设 4.3：社区的社会排斥情况会影响新生代农民工的城市融入；

假设 4.4：社区认同感会影响新生代农民工的城市融入；

假设 4.5：社区和谐性会影响新生代农民工的城市融入。

第二节　分析方法与变量赋值

根据 Logistic 回归分析数据的处理要求，本研究对自变量和因变量进行了转换。自变量的赋值情况如表 6-1 所示。

表 6-1　自变量定义

	含义	自变量定义
社区配套支持变量	社区图书馆	有＝1,没有＝0
	社区健身器材	有＝1,没有＝0
	社区医院	有＝1,没有＝0
	社区活动场所	有＝1,没有＝0
社区服务支持变量	社区提供就业服务	有＝1,没有＝0
	社区提供住房服务	有＝1,没有＝0
	社区提供医疗服务	有＝1,没有＝0
	社区提供帮扶救助服务	有＝1,没有＝0
	社区提供孩子上学服务	有＝1,没有＝0
社区组织支持变量	社区农民工组织(以没有为参照组)	有＝1,反之＝0,不清楚＝1,反之＝0
	社区工会组织(以没有为参照组)	有＝1,反之＝0,不清楚＝1,反之＝0
	参加社区公共活动	有＝1,没有＝0
	参加社区选举活动	有＝1,没有＝0
社区关系支持变量	社区居民熟悉度(以不熟悉为参照组)	一般＝1,反之＝0,熟悉＝1,反之＝0
	社区当地居民态度(以不友好为参照组)	一般＝1,反之＝0,友好＝1,反之＝0
	社区的社会排斥	有＝1,没有＝0
	社区认同感(以很弱为参照组)	一般＝1,反之＝0,很强＝1,反之＝0
	社区和谐性(以不和谐为参照组)	一般＝1,反之＝0,和谐＝1,反之＝0

在借鉴以往研究的基础上,本研究在新生代农民工城市融入的众多变量中选择了就业稳定性、社会交往、城市认同、精神状况四个因变量,通过这四个因变量来衡量新生代农民工的城市融入状况。因变量的赋值情况如表 6-2 所示。

表 6-2　因变量定义

	含义	定义
就业稳定性	是否有稳定的工作	稳定＝1,不稳定＝0
社会交往	与本地人的社会交往	很多＝1,很少＝0
城市认同	对所在城市的认同感	认同＝1,不认同＝0
精神状况	在城市打工期间的精神状态	较好＝1,较差＝0

第三节 社区支持对新生代农民工城市融入影响的模型分析

一、对就业稳定性影响的模型分析

通过社区支持对新生代农民工就业稳定性影响的 Logistic 回归分析见表 6-3,可以发现整个模型的 Nagelkerke R^2 为 0.170,这说明所有的这些影响因素能够解释结果的 17%。整个模型的卡方值为 48.761,卡方检验显著。具体的分析结果主要有以下五个方面。

表 6-3 社区支持对新生代农民工就业稳定性影响的 Logistic 回归模型

影响因素(括号内为参照组)		B	$S.E$	$Wals$	df	p	$Exp(B)$
社区配套支持							
社区有图书室(没有)		0.905	0.600	2.275	1	0.131	2.471
社区有健身器材(没有)		0.002	0.400	0.000	1	0.996	1.002
社区有医院(没有)		0.437	0.366	1.426	1	0.232	1.548
社区有活动场所(没有)		−0.571	0.351	2.645	1	0.104	0.565
社区服务支持							
社区提供就业服务(没有)		−0.257	0.372	0.476	1	0.490	0.773
社区提供住房服务(没有)		0.676	0.453	2.227	1	0.136	1.966
社区提供医疗服务(没有)		−0.263	0.297	0.786	1	0.375	0.768
社区提供帮扶救助服务(没有)		−0.553	0.429	1.661	1	0.197	0.575
社区提供孩子上学服务(没有)		−0.849	0.361	5.543	1	0.019	0.428
社区组织支持							
社区农民工组织(没有)	有	0.736	0.382	3.708	1	0.054	2.087
	不清楚	0.216	0.288	0.562	1	0.454	1.241
社区工会组织(没有)	有	−1.548	0.491	9.936	1	0.002	0.213
	不清楚	−0.464	0.374	1.541	1	0.214	0.629
参加过社区公共活动(没有)		−0.054	0.354	0.023	1	0.879	0.947
参加过社区选举活动(没有)		−0.465	0.387	1.445	1	0.229	0.628

续表

影响因素(括号内为参照组)		B	S.E	Wals	df	p	Exp(B)
社区关系支持							
社区居民熟悉度 (不熟悉)	一般	−0.362	0.300	1.455	1	0.228	0.697
	熟悉	0.207	0.337	0.378	1	0.539	1.230
社区当地居民态度 (不友好)	一般	−0.104	0.325	0.103	1	0.748	0.901
	友好	0.654	0.472	1.919	1	0.166	1.923
社区里有社会排斥(没有)		−0.242	0.274	0.783	1	0.376	0.785
社区认同感(很弱)	一般	0.665	0.368	3.262	1	0.071	1.945
	很强	0.720	0.404	3.178	1	0.075	2.053
社区和谐性(不和谐)	一般	−0.628	0.294	4.560	1	0.033	0.533
	和谐	−0.490	0.320	2.354	1	0.125	0.612
常数		0.399	0.547	0.533	1	0.465	1.491
N		357					
Nagelkerke R^2		0.170					
−2 Log likelihood		446.817					
χ^2		48.761					

第一,社区提供孩子上学服务情况这一指标在 0.05 水平上显著,其对新生代农民工就业稳定性的影响是显著的。与社区没有提供孩子上学服务的新生代农民工相比,社区提供孩子上学服务的新生代农民工就业稳定的可能性是其 42.8%。虽然社区提供孩子上学服务情况这一指标的影响是显著的,但是其作用方向是负向的。本研究认为,之所以出现这样的现象,与社区为孩子所能提供的上学服务质量不高,更多的是通过民工子弟学校提供有关。而新生代农民工对学校教育的期望值一般高于第一代农民工,因此,社区为孩子提供上学服务并不能有效促进新生代农民工就业的稳定,反而增加了新生代农民工对社区教育的不满意度。

第二,对于社区农民工组织拥有情况这一指标来说,"有社区农民工组织"这一因素在0.1水平上显著。与社区没有农民工组织的新生代农民工相比,社区有农民工组织的新生代农民工就业稳定的可能性是其 2.087 倍。由此可见,社区有农民工组织的新生代农民工就业稳定的可能性大于社区没有农民工组织的新生代农民工。

第三,对于社区工会组织拥有情况这一指标来说,"有社区工会组织"这一因素在 0.01 水平上显著。与社区没有工会组织的新生代农民工相比,社区有工会组织的新生代农民工就业稳定的可能性是其 21.3%。虽然社区工会组织拥有情况这一指标的影响是显著的,但是其作用方向是负向的。本研究认为,之所以出现这样的现象,与社区工会组织并不能很好发挥作用、有效维护农民工的权益有关。因此,社区的工会组织并不能有效促进新生代农民工就业的稳定。

第四,社区认同感这一指标对新生代农民工就业稳定性的影响是显著的,其中,"认同感一般"和"认同感很强"这两个因素都是在 0.1 水平上显著。与社区认同感很弱的新生代农民工相比,社区认同感一般的新生代农民工就业稳定的可能性是其 1.945 倍,社区认同感很强的新生代农民工就业稳定的可能性是其 2.053 倍。由此可见,社区认同感越强的新生代农民工就业稳定的可能性越大。农民工就业是否稳定与其对社区的认同感有很大关系。农民工如果对所在的社区缺乏认同感,其生活状态就有可能受到影响,进而影响其工作状态与就业的稳定性。

第五,从社区和谐性这一指标对新生代农民工就业稳定性的影响来看,"和谐性一般"这一因素的影响是显著的,其在 0.05 水平上显著。与认为社区不和谐的新生代农民工相比,认为社区和谐性一般的新生代农民工就业稳定的可能性是其 53.3%。虽然社区和谐性一般这一因素对新生代农民工就业稳定性的影响是显著的,但是其作用方向是负向的。

二、对社会交往影响的模型分析

通过社区支持对新生代农民工社会交往影响的 Logistic 回归分析(见表 6-4),可以发现:整个模型的 Nagelkerke R^2 为 0.504,这说明所有的这些影响因素能够解释结果的 50.4%。整个模型的卡方值为 156.433,卡方检验显著。具体的分析结果主要有以下八个方面。

表 6-4　社区支持对新生代农民工社会交往影响的 Logistic 回归模型

影响因素（括号内为参照组）		B	S.E	Wals	df	p	Exp(B)
社区配套支持							
社区有图书室（没有）		0.380	0.786	0.234	1	0.629	1.462
社区有健身器材（没有）		−1.029	0.587	3.075	1	0.079	0.358
社区有医院（没有）		0.668	0.475	1.980	1	0.159	1.951
社区有活动场所（没有）		0.701	0.442	2.513	1	0.113	2.016
社区服务支持							
社区提供就业服务（没有）		1.024	0.451	5.160	1	0.023	2.784
社区提供住房服务（没有）		−0.702	0.542	1.678	1	0.195	0.496
社区提供医疗服务（没有）		−0.147	0.355	0.171	1	0.679	0.863
社区提供帮扶救助服务（没有）		−1.083	0.651	2.766	1	0.096	0.339
社区提供孩子上学服务（没有）		0.463	0.444	1.087	1	0.297	1.590
社区组织支持							
社区农民工组织（没有）	有	−0.073	0.438	0.028	1	0.868	0.930
	不清楚	−0.466	0.400	1.353	1	0.245	0.628
社区工会组织（没有）	有	1.572	0.552	8.119	1	0.004	4.817
	不清楚	0.522	0.464	1.263	1	0.261	1.685
参加过社区公共活动（没有）		0.194	0.473	0.168	1	0.682	1.214
参加过社区选举活动（没有）		−0.426	0.475	0.803	1	0.370	0.653
社区关系支持							
社区居民熟悉度（不熟悉）	一般	1.685	0.556	9.202	1	0.002	5.393
	熟悉	2.939	0.553	28.283	1	0.000	18.897
社区当地居民态度（不友好）	一般	0.201	0.566	0.127	1	0.722	1.223
	友好	1.462	0.670	4.756	1	0.029	4.314
社区里有社会排斥（没有）		0.123	0.386	0.101	1	0.750	1.131

续表

影响因素（括号内为参照组）		B	S.E	Wals	df	p	Exp(B)
社区认同感（很弱）	一般	0.519	0.665	0.610	1	0.435	1.681
	很强	1.091	0.646	2.848	1	0.091	2.976
社区和谐性（不和谐）	一般	0.844	0.432	3.828	1	0.050	2.327
	和谐	0.597	0.407	2.157	1	0.142	1.817
常数		−5.035	1.004	25.162	1	0.000	0.007
N		357					
Nagelkerke R^2		0.504					
−2 Log likelihood		276.802					
χ^2		156.433					

第一，社区拥有健身器材情况这一指标在 0.1 水平上显著，其对新生代农民工社会交往的影响是显著的。与社区没有健身器材的新生代农民工相比，社区拥有健身器材的新生代农民工与本地人社会交往很多的可能性是其 35.8%。虽然社区健身器材的拥有情况这一指标对新生代农民工社会交往的影响是显著的，但是其作用方向是负向的。本研究认为，这种现象的存在与社区的健身器材未有效发挥作用有很大关系。

第二，社区提供就业服务情况这一指标在 0.05 水平上显著，其对新生代农民工社会交往的影响是显著的。与社区没有提供就业服务的新生代农民工相比，社区提供就业服务的新生代农民工与本地人社会交往很多的可能性是其 2.784 倍。分析结果表明：社区提供就业服务对促进新生代农民工与本地人的社会交往是有帮助的。社区提供就业服务的过程就是促进新生代农民工与本地人社会交往的过程，这也是一个由正式关系延伸到非正式关系、由工作圈延伸到生活圈的过程。

第三，社区提供帮扶救助服务情况这一指标在 0.1 水平上显著，其对新生代农民工社会交往的影响是显著的。与社区没有提供帮扶救助服务的新生代农民工相比，社区提供帮扶救助服务的新生代农民工与本地人社会交往很多的可能性是其 33.9%。虽然社区提供帮扶救助服务情况对促进新生代农民工与本地人的社会交往的影响是显著的,但是其作用方向是负向的。这种现象的存在与社区提供的帮扶救助服务水平不高有很大的关系。因此,必须要真正提高社区的帮扶救助服务水平。

第四,对于社区工会组织拥有情况这一指标来说,"有社区工会组织"这一因素在 0.01 水平上显著。与社区没有工会组织的新生代农民工相比,社区有工会组织的新生代农民工与本地人社会交往很多的可能性是其 4.817 倍。分析结果表明:建立社区工会组织对促进新生代农民工与本地人的社会交往有非常明显的作用。可见,组织化的方式有利于促进社会交往。对于新生代农民工和当地社区居民这两个群体来说,建立在组织基础上的社会交往能提供更加安全的保障。

第五,社区居民熟悉度这一指标对新生代农民工社会交往的影响是显著的,其中,"熟悉度一般"和"熟悉"这两个因素都是在 0.01 水平上显著。与对社区居民不熟悉的新生代农民工相比,对社区居民熟悉度一般的新生代农民工与本地人社会交往很多的可能性是其 5.393 倍,对社区居民熟悉的新生代农民工与本地人社会交往很多的可能性是其 18.897 倍。分析结果表明:增强社区居民熟悉度对促进新生代农民工与本地人的社会交往是有帮助的。

第六,从社区当地居民态度这一指标对新生代农民工社会交往的影响来看,"态度友好"这一因素的影响是显著的,其在 0.05 水平上显著。与认为社区当地居民态度不友好的新生代农民工相比,认为社区当地居民态度友好的新生代农民工与本地人社会交往很多的可能性是其 4.314 倍。虽然"态度一般"这一因素的影响并不显著,但是其作用方向也是正向的。与认为社区当地居民态度不友好的新生代农民工相比,认为社区当地居民态度友好度一般的新生代农民工与本地人社会交往很多的可能性是其 1.223 倍。由此可以得出结论:改善社区当地居民态度对促进新生代农民工与本地人的社会交往是有帮助的。

第七,从社区认同感这一指标对新生代农民工社会交往的影响来看,"认同感很强"这一因素的影响是显著的,其在 0.1 水平上显著。与社区认同感很弱的新生代农民工相比,社区认同感很强的新生代农民工与本地人社会交往很多的可能性是其 2.976 倍。虽然"认同感一般"这一因素的影响并不显著,但是其作用方向也是正向的。与社区认同感很弱的新生代农民工比较而言,认同感一般的新生代农民工与本地人社会交往很多的可能性是其 1.681 倍。由此可以得出结论:提升社区认同感对促进新生代农民工与本地人的社会交往是有帮助的。

第八,从社区和谐性这一指标对新生代农民工社会交往的影响来看,"和谐性一般"这一因素的影响是显著的,其在 0.05 水平上显著。与认为社区不和谐的新生代农民工相比,认为社区和谐性一般的新生代农民工与本地人社会交往很多的可能性是其 2.327 倍。分析结果表明:认为社区和谐性一般的新生代农民工与本地人社会交往很多的可能性明显要大于认为社区不和谐的新生代农民工。

三、对城市认同影响的模型分析

通过社区支持对新生代农民工城市认同影响的 Logistic 回归分析(见表 6-5),可以发现:整个模型的 Nagelkerke R^2 为 0.589,这说明所有的这些影响因素能够解释结果的 58.9%。整个模型的卡方值为 174.335,卡方检验显著。具体的分析结果主要有以下七个方面。

表 6-5　社区支持对新生代农民工城市认同影响的 Logistic 回归模型

影响因素(括号内为参照组)	B	S. E	Wals	df	p	Exp(B)
社区配套支持						
社区有图书室(没有)	16.935	5870.077	0.000	1	0.998	2.268
社区有健身器材(没有)	19.358	4324.460	0.000	1	0.996	2.558
社区有医院(没有)	2.308	0.894	6.666	1	0.010	10.053
社区有活动场所(没有)	−0.112	0.660	0.029	1	0.866	0.894

续表

影响因素(括号内为参照组)		B	S.E	Wals	df	p	Exp(B)
社区服务支持							
社区提供就业服务(没有)		−1.247	0.606	4.240	1	0.039	0.287
社区提供住房服务(没有)		0.520	0.921	0.319	1	0.572	1.682
社区提供医疗服务(没有)		−0.017	0.596	0.001	1	0.977	0.983
社区提供帮扶救助服务(没有)		0.440	0.673	0.427	1	0.513	1.552
社区提供孩子上学服务(没有)		0.873	0.772	1.277	1	0.258	2.394
社区组织支持							
社区农民工组织(没有)	有	1.939	0.914	4.502	1	0.034	6.949
	不清楚	−0.030	0.420	0.005	1	0.943	0.971
社区工会组织(没有)	有	−0.850	1.007	0.713	1	0.399	0.427
	不清楚	−0.524	0.679	0.596	1	0.440	0.592
参加过社区公共活动(没有)		−1.189	0.608	3.828	1	0.050	0.304
参加过社区选举活动(没有)		0.906	0.784	1.335	1	0.248	2.473
社区关系支持							
社区居民熟悉度 (不熟悉)	一般	0.102	0.423	0.058	1	0.810	1.107
	熟悉	−0.615	0.555	1.226	1	0.268	0.541
社区当地居民态度 (不友好)	一般	1.682	0.435	14.962	1	0.000	5.376
	友好	0.551	0.816	0.457	1	0.499	1.736
社区里有社会排斥(没有)		−0.891	0.420	4.499	1	0.034	0.410
社区认同感(很弱)	一般	0.540	0.456	1.401	1	0.237	1.717
	很强	3.590	0.748	23.055	1	0.000	36.227
社区和谐性(不和谐)	一般	0.512	0.416	1.518	1	0.218	1.669
	和谐	0.720	0.566	1.615	1	0.204	2.054
常数		−0.913	0.856	1.138	1	0.286	0.401
N		357					
Nagelkerke R^2		0.589					
−2 Log likelihood		206.045					
χ^2		174.335					

第一,社区拥有医院情况这一指标在 0.01 水平上显著,其对新生代农民工城市认同的影响是显著的。与社区没有医院的新生代农民工相比,社区拥有医院的新生代农民工认同所在城市的可能性是其 10.053 倍。分析结果表明:为社区配套医院对提升新生代农民工城市认同感是有帮助的。新生代农民工对城市的认同感很大程度上取决于城市为他们提供的保障和服务水平,社区在硬件设施上的配套情况会显著影响他们对城市的认同感。

第二,社区提供就业服务情况这一指标在 0.05 水平上显著,其对新生代农民工城市认同的影响是显著的。与社区没有提供就业服务的新生代农民工相比,社区提供就业服务的新生代农民工认同所在城市的可能性是其 28.7％。虽然社区提供就业服务情况这一指标对新生代农民工城市认同的影响是显著的,但是其作用方向是负向的。这种现象的存在说明不少就业服务流于形式,没有真正助推新生代农民工实现就业。

第三,从社区农民工组织拥有情况这一指标对新生代农民工城市认同的影响来看,"有社区农民工组织"这一因素的影响是显著的,其在 0.05 水平上显著。与社区没有农民工组织的新生代农民工相比,社区有农民工组织的新生代农民工认同所在城市的可能性是其 6.949 倍。由此可见,社区有农民工组织的新生代农民工认同所在城市的可能性明显要大于社区没有农民工组织的新生代农民工。社区的农民工组织能够通过有效维护他们的权益,来增强新生代农民工对城市的认同感。

第四,参加社区公共活动情况这一指标对新生代农民工城市认同的影响是显著的,其在 0.05 水平上显著。与没有参加过社区公共活动的新生代农民工相比,参加过社区公共活动的新生代农民工认同所在城市的可能性是其 30.4％。虽然参加社区公共活动情况这一指标对新生代农民工城市认同的影响是显著的,但是其作用方向是负向的。由此说明当前社区公共活动的形式及自治组织建设存在问题,没有充分调动新生代农民工的积极性,也未能有效提高其城市融入水平。

第五,从当地社区居民态度这一指标对新生代农民工城市认同的影响来看,"态度一般"这一因素的影响是显著的,其在 0.01 水平上显著。与认为当地社区居民态度不友好的新生代农民工相比,认为当地社区居民态度一般的新生代农民工认同所在城市的可能性是其 5.376 倍。由此可见,认为当地社区居民态度一般的新生代农民工认同所在城市的可能性明显要大于认为当地社区居民态度不友好的新生代农民工。

第六,社区的社会排斥情况这一指标对新生代农民工城市认同的影响是显著的,其在 0.05 水平上显著。与认为社区里没有社会排斥的新生代农民工相比,认为社区里有社会排斥的新生代农民工认同所在城市的可能性是其41%。虽然社区的社会排斥情况这一指标的作用方向是负向的,但是本研究是以社区没有社会排斥作为参照组的,因此,实际上其作用方向是正向的。这说明:减少社区的社会排斥对强化新生代农民工的城市认同是有帮助的。

第七,从社区认同感这一指标对新生代农民工城市认同的影响来看,"认同感很强"这一因素的影响是显著的,其在 0.01 水平上显著。与社区认同感很弱的新生代农民工相比,社区认同感很强的新生代农民工认同所在城市的可能性是其36.227倍。虽然"认同感一般"这一因素的影响并不显著,但是其作用方向也是正向的。与社区认同感很弱的新生代农民工相比,认同感一般的新生代农民工认同所在城市的可能性是其1.717倍。由此可以得出结论:提升社区认同感对促进新生代农民工的城市认同是有帮助的。

四、对精神状况影响的模型分析

通过社区支持对新生代农民工精神状况影响的 Logistic 回归分析(见表6-6),可以发现:整个模型的 Nagelkerke R^2 为 0.402,这说明所有的这些影响因素能够解释结果的 40.2%。整个模型的卡方值为 128.395,卡方检验显著。具体的分析结果主要有以下七个方面。

表 6-6　社区支持对新生代农民工精神状态影响的 Logistic 回归模型

影响因素(括号内为参照组)	B	S.E	Wals	df	p	Exp(B)
社区配套支持						
社区有图书室(没有)	0.271	0.719	0.142	1	0.706	1.311
社区有健身器材(没有)	−0.603	0.468	1.660	1	0.198	0.547
社区有医院(没有)	0.892	0.419	4.534	1	0.033	2.440

续表

影响因素（括号内为参照组）		B	S.E	Wals	df	p	Exp(B)
社区有活动场所（没有）		0.209	0.393	0.282	1	0.595	1.232
社区服务支持							
社区提供就业服务（没有）		−0.146	0.414	0.124	1	0.725	0.864
社区提供住房服务（没有）		0.911	0.534	2.909	1	0.088	2.486
社区提供医疗服务（没有）		−0.782	0.334	5.461	1	0.019	0.458
社区提供帮扶救助服务（没有）		−0.938	0.493	3.613	1	0.057	0.392
社区提供孩子上学服务（没有）		−0.312	0.392	0.632	1	0.427	0.732
社区组织支持							
社区农民工组织（没有）	有	−0.047	0.416	0.013	1	0.911	0.955
	不清楚	−0.101	0.327	0.095	1	0.758	0.904
社区工会组织（没有）	有	0.585	0.551	1.127	1	0.288	1.794
	不清楚	−0.538	0.405	1.768	1	0.184	0.584
参加过社区公共活动（没有）		−0.212	0.408	0.270	1	0.603	0.809
参加过社区选举活动（没有）		0.469	0.443	1.122	1	0.289	1.598
社区关系支持							
社区居民熟悉度	一般	0.331	0.334	0.983	1	0.322	1.392
（不熟悉）	熟悉	1.372	0.371	13.645	1	0.000	3.942
社区当地居民态度	一般	1.153	0.403	8.200	1	0.004	3.167
（不友好）	友好	1.846	0.546	11.434	1	0.001	6.337
社区里有社会排斥（没有）		−0.178	0.315	0.318	1	0.573	0.837
社区认同感（很弱）	一般	−0.602	0.415	2.106	1	0.147	0.548
	很强	0.286	0.435	0.434	1	0.510	1.332
社区和谐性（不和谐）	一般	−0.569	0.340	2.804	1	0.094	0.566
	和谐	−0.072	0.350	0.043	1	0.837	0.930
常数		−0.855	0.623	1.883	1	1.170	0.425
N		357					
Nagelkerke R^2		0.402					
−2 Log likelihood		367.899					
χ^2		128.395					

第一,社区拥有医院情况这一指标在 0.05 水平上显著,其对新生代农民工精神状况的影响是显著的。与社区没有医院的新生代农民工相比,社区拥有医院的新生代农民工精神状况较好的可能性是其 2.440 倍。分析结果表明:为社区配套医院对改善新生代农民工精神状况是有帮助的。

第二,社区提供住房服务情况这一指标在 0.1 水平上显著,其对新生代农民工精神状况的影响是显著的。与社区没有提供住房服务的新生代农民工相比,社区提供住房服务的新生代农民工精神状况较好的可能性是其2.486倍。分析结果表明:社区提供住房服务对改善新生代农民工精神状况是有帮助的。住房是新生代农民工在城市中安身立命的重要条件。这一显著影响体现出来的是物质和精神之间的关系,新生代农民工的居住条件势必会影响到他们的精神状况。

第三,社区提供医疗服务情况这一指标在 0.05 水平上显著,其对新生代农民工精神状况的影响是显著的。与社区没有提供医疗服务的新生代农民工相比,社区提供医疗服务的新生代农民工精神状况较好的可能性是其 45.8%。虽然社区提供医疗服务情况这一指标对新生代农民工精神状况的影响是显著的,但是其作用方向是负向的。

第四,社区提供帮扶救助服务情况这一指标在 0.1 水平上显著,其对新生代农民工精神状况的影响是显著的。与社区没有提供帮扶救助服务的新生代农民工相比,社区提供帮扶救助服务的新生代农民工精神状况较好的可能性是其 39.2%。虽然社区提供帮扶救助服务情况这一指标对新生代农民工精神状况的影响是显著的,但是其作用方向是负向的。

第五,从社区居民熟悉度这一指标对新生代农民工精神状况的影响来看,"熟悉"这一因素的影响是显著的,其在 0.01 水平上显著。与对社区居民不熟悉的新生代农民工相比,对社区居民熟悉的新生代农民工精神状况较好的可能性是其 3.942 倍。虽然"熟悉度一般"这一因素的影响并不显著,但是其作用方向是正向的。与对社区居民不熟悉的新生代农民工相比,熟悉度一般的新生代农民工精神状况较好的可能性是其 1.392 倍。由此可以得出结论:提升社区居民熟悉度对改善新生代农民工的精神状况是有帮助的。

第六,从社区当地居民态度这一指标对新生代农民工精神状况的影响来看,"态度一般"和"友好"这两个因素的影响都是在 0.01 水平上显著。与认为社区当地居民态度不友好的新生代农民工相比,认为社区当地居民态度一般的新生代农民工精神状况较好的可能性是其 3.167 倍,认为社区当地居民态度友好的新生代农民工精神状况较好的可能性是其 6.337 倍。由此可以得出结论:改善社区当地居民态度对改善新生代农民工的精神状况是有帮助的。

第七,从社区和谐性这一指标对新生代农民工精神状况的影响来看,"和谐性一般"这一因素的影响是显著的,其在 0.1 水平上显著。与认为社区不和谐的新生代农民工相比,认为社区和谐性一般的新生代农民工精神状况较好的可能性是其 56.6%。虽然社区和谐性这一指标对新生代农民工精神状况的影响是显著的,但是其作用方向是负向的。

从上述负向指标来看,社区医疗服务、社区帮扶救助服务及整体的社区和谐性指标是社区支持中存在问题较明显的几个方面,一方面与服务及设施的供给方式和供给内容尚未满足新生代农民工的需求有关,另一方面也反映了目前已出台的相关制度和政策在落实过程中还未有效执行。

第四节 小 结

通过对数据的 Logistic 回归分析,社区支持对新生代农民工城市融入的绩效主要表现在以下四个方面。

第一,从社区配套支持对新生代农民工城市融入的绩效来看,分析结果表明:为社区配套医院对提升新生代农民工城市认同感和改善新生代农民工精神状况的作用都是非常明显的。

第二,从社区服务支持对新生代农民工城市融入的绩效来看,分析结果表明:社区提供就业服务对促进新生代农民工与本地人的社会交往是很有帮助的;社区提供住房服务对改善新生代农民工精神状况是有帮助的。

第三,从社区组织支持对新生代农民工城市融入的绩效来看,分析结果表明:社区建立农民工组织对新生代农民工就业的稳定和增强其城市认同感都是非常有帮助的;建立社区工会组织对促进新生代农民工与本地人的社会交往有非常明显的作用。

第四,从社区关系支持对新生代农民工城市融入的绩效来看,分析结果表明:提升社区居民熟悉度对促进新生代农民工与本地人的社会交往和改善新生代农民工的精神状况都是很有帮助的;改善社区当地居民态度对促进新生代农民工与本地人的社会交往、增强新生代农民工的城市认同、改善新生代农民工的精神状况都是很有帮助的;减少社区的社会排斥对增强新生代农民工的城市认同很有帮助;提升社区认同感对促进提升新生代农民工就业的稳定性、促进新生代农民工与本地人的社会交往、增强新生代农民工的城市认同都是有帮助的;增强社区和谐性对促进新生代农民工与本地人的社会交往是非常有帮助的。

第七章

社区支持模式的典型类型与地方案例

在问卷调查的基础上,为了进一步研究社区支持模式对新生代农民工城市融入的影响,本研究多次在浙江省宁波市、嘉兴市和杭州市开展实地调研和专题座谈,也对上海市、江苏省和广州市等地进行走访和考察,并与中共深圳市委党校、上海大学社会学院、中共江阴市委党校的老师和学者就新生代农民工城市融入的社区推进策略进行深入交流和探讨,同时通过典型类型和地方案例的比较来丰富社区支持模式的作用机制。将空间视角和空间理论引入流动人口城市融入研究是学界近年来兴起的一股研究热潮。社区是农民工与城市及市民交往的重要空间载体,社区支持也是相比于自组织、公共部门和市场组织更积极的一种融合机制。当前农民工在当地社区的融合,呈现出"不完全融合"甚至隔离的状态,因此,有学者提出了"混合社区"的概念来回应这种空间关系。① 江立华等学者则进一步对农民工空间进入的形式和结果进行分类,提出"单体同质型"社区和"多体异质型"混合社区的空间类型学来分析两种不同的社区类型,以及所包含的农民工城市融合的两种不同取向。其中,"单体同质型"社区具体包括三种类型:一些大城市出现的由农民工聚居形成的"某某村"、城中村和城乡接合部的农民工聚居社区、建立在租房行为基础上的农民工聚居社区。"多体异质型"混合社区则是指农民工与市民混合居住的

---

① 杨豪中,王进.混合居住模式在城中村改造中的适用性分析[J].求索,2011(1):57.

社区。同时,江立华还指出,在城市,除城中村和城乡接合部之外,只有那些老旧的单位社区和城市商品房社区才可能形成真正意义上的城市"多体异质型"混合社区。混合社区这类公共空间的建构单靠农民工和市民是很难快速形成的,需要外部力量(如地方政府、社区和其他组织)的助推。① 受空间视角的启发,本研究也从农民工(包括新生代农民工)进入城市后聚居社区的类型出发,按照城市社区、撤村建居社区、农村社区和纯农民工聚居社区四大类型对农民工进城后的空间聚居状态及融入支持进行描述和分析。

对比来看,江立华等学者的分类主要是基于农民工与市民的关系来建构的,而本研究更多地遵照了社区原本的发展状态和结构特点来进行类型划分,做此处理的原因有二。

第一,以农民工为主的流动人口进入城市并不全部聚居在城市,而是大量选择居住在经济相对发达、交通较为便利的城郊地区,在城市及其周边形成大量的"混居社区"。珠三角40%~50%的农民工的居住方式是依附性住房(宿舍或者工作场所),超过40%的人居住在以城中村、城郊村为主的租赁房中。② 随着旧城改造、拆违与城市区域规划的调整,不少原先居住在城中村、城郊村的流动人口甚至选择了相对偏远的村镇。长三角、珠三角这些发达地区周边的县(市区),许多村庄的外来常住人口已数倍于本村人口且呈现稳定居住的特征。因此,这些村庄成为名副其实的"人口倒挂村"。

第二,不同地区会根据不同的社区类型推行不同的农民工融入方式和策略,而这种策略受制于城乡社区的自组织差异和二元制度。例如,按照城乡社区二元划分,城中村和撤村建居以后的城郊村属于城市社区,行政村、自然村属于农村社区。城乡社区自治基础的不同呈现出不同的治理组织形态及准入要求,这也决定了农民工进入不同类型社区后所获得的成员资格和参与程度会有本质差别。目前,社区自治是基层群众自治的基本组织形式,在我国体现

① 江立华,谷玉良.居住空间类型与农民工的城市融合途径:基于空间视角的探讨[J].社会科学研究,2013(6):94.

② 陶然.论"城中村"与"城郊村"集体建设用地入市[EB/OL].(2012-07-24)[2012-08-23].http://news.ifeng.com/gundong/detail_2012_07/24/16244749_0.shtml.

为居委会和村委会两大类型,《城市居民委员会组织法》《农村村民委员会组织法》是其活动的法律依据。农村村民自治和城市居民自治内容上有同质性,但两者形成于不同的历史背景和社会生态,又有各自分野。新中国成立后,国家主导社会形成以"公社制"为基础的农村和以"单位制"为基础的城市两种基层社会形态。在村民自治的法律架构下,一家一户自主经营的村民一人一票行使民主权利,村民委员会也可以利用法律赋予自己的权利发展,政府原则上不能直接以行政命令的方式支配村民委员会。村民委员会自治活动的内容不仅有公共社会事务,还包括经济事务。城市社区建设的实质是重建一个"社区制"治理体系,通过地域的重新划分,并以新的社区为基础构造居民组织,实行城市社区自治。组织起源不同决定了城乡社区成员资格获取及权利的不同。在农村,村民出生便是村庄成员,享受村民自治的权利,自治是建立在土地等生产资料集体产权基础之上的。在城市,由于人口的流动性强,社区成员很难界定,而非简单依据出生来判断,但只要成为城市社区成员就享有自治权利。2012 年,为健全以社区为依托的农民工服务和管理平台,促进农民工融入城市生活,与城市居民和谐相处,民政部下发和实施《民政部关于促进农民工融入城市社区的意见》。意见表示:

"……在本社区有合法固定住所、居住满一年以上、符合《中华人民共和国城市居民委员会组织法》选民资格条件的农民工,由本人提出申请,经社区选举委员会同意,可以参加本社区居民委员会的选举。鼓励符合条件的农民工经过民主程序担任居民委员会成员、居民小组长、居民委员会下属委员会成员、楼栋长和居民代表。"

从文件来看,城市社区自治组织允许常住于此的农民工参与社区选举及其他社区公共活动,但真正参与社区事务的农民工比例极低,能真正进入所谓城市社区"四套班子"的成员很少,也不乏形式主义的"被选中者"。[①] 城市社

---

① 在城市社区建设时期,政府往往按照地方行政组织的模式成立社区居民委员会,按照基层党组织下沉要求建设社区党支部,按照地方人大模式建立社区成员代表大会制度,按照地方政协模式建立社区协商议事会。近年来,不少城市又新增了居民监督委员会。

区原子化、人情淡薄，即便是拥有城市户籍和房产的本地居民，真正愿意参与社区治理的也是少数。因此，对于大多数农民工来说，他们是否真正参与社区选举，受政策和现实因素影响。

为了更好地比较农民工聚居社区类型及其融入策略，本研究将新生代农民工社区聚居的类型分为四类并辅以案例解析和区域比较。以下将对杭州市西湖区留下街道和杭州市江干区四季青街道的城市社区类型、杭州市江干区彭埠镇和九堡镇的撤村建居社区类型、浙江省嘉兴市嘉善县和宁波慈溪市的农村社区类型、宁波奉化市西坞街道和杭州市下沙经济技术开发区的纯农民工聚居社区进行分析。

第一节　城市社区及其融入探索：以杨家牌楼社区和江锦社区为例

2003年起，杭州市提出"新杭州人"称呼，并按照"三亲两打击"①的思路，推行"人性化服务，亲情式维权，源头上管理"的外来人口城市融入政策。在服务理念上，变单纯的管理型向服务管理型转变，从为外来人口提供基本保障、维护基本权益、解决基本问题着手，逐步推行"市民待遇"。在服务保障上，杭州推动实现流动人口"八个有"②的工作目标，为新杭州人提供创业补贴、就业奖励、贷款贴息、租金减免、同等培训等五大类扶持创业政策。免费为流动人口提供计生技术服务，将经济困难的流动人口纳入惠民医疗救治范围，拓宽流动人口子女就学渠道，加大补助经费保障。对在杭务工人员本人及其家庭成员遭遇突发性急难险情，分类别分层次进行补助。在服务管理队伍上，按照500∶1的比例，配备流动人口协管人员。推广"出租房屋登记管理星级评定"管理模式，划分管理"星级"，采取不同的方式对出租户进行管理。同时，推行

---

① "三亲两打击"是指确立亲民理念、坚持亲情服务、实施亲善管理，严厉打击侵犯流动人口权益的非法劳动市场和非法职业中介活动，严厉打击混迹在流动人口中的违法犯罪分子。

② "八个有"是指有收入、有房住、有书读、有医保、有社保、有组织、有安全、有救助。

流动人口公寓式管理服务,改善人居环境。围绕市级层面的实践和要求,杭州各个城区在推进农民工的城市融入过程中也进行了基层探索。

一、杨家牌楼社区"三有一融合"管理服务模式

留下街道位于杭州市西湖区西部,近年来,随着经济社会的快速发展,外来务工人员大量涌入。截止到 2012 年年底,街道范围内有农民工 6.3 万人,相当于常住人口的 2.6 倍,其中留下街道 35 岁以下的新生代农民工占到农民工总数的 70%。留下街道办事处 2012 年的一份调查统计显示,农民工在留下居住 1 年以下、1~4 年、5~8 年、9 年以上的比例分别是 12.96%、50.83%、27.32% 和 8.89%,平均居住时间为 3.8 年。36.21% 的人在留下居住的时间在 5 年以上,这一群体约 2.3 万人,与本地居民的数量相当。从 2012 年留下地区发生的刑事案件、治安案件来看,236 起案件总数中涉及辖区农民工的案件就有 180 起,占 76.27%,其中新生代农民工的犯案率呈上升趋势。

杨家牌楼社区是留下街道东部的大型城市居住区,截至 2013 年年底,拥有社区居民 800 多户,常住人口 3000 余人,流动人口约 1.5 万人,人员结构复杂且分散居住在社区。2012 年起,留下街道在杨家牌楼社区积极推进"三有一融合"新杭州人管理服务模式。

第一,搭建平台让新杭州人有地方"说话"。杨家牌楼社区以党建引领、群团协作的方式,努力为农民工搭建有效的沟通平台。建立城市社区流动人口服务管理中心党支部,依托"网格化管理、组团式服务、片组户联系"机制强化现有的"两新组织"管理,将暂不具备建立党组织的企业划入杨家牌楼社区联合党支部,进行网格化分区划片管理。街道和社区通过确立党建联络员的办法加强对流动党员的管理和服务。在杨家牌楼社区便民服务中心设立新杭州人政策咨询处,建立 QQ 群、新杭州人信箱、意见箱,使新杭州人有地方"说话",全面畅通诉求表达渠道。

第二,畅通渠道让新杭州人有事能解决。杨家牌楼社区通过走访慰问、结对帮扶、召开座谈会、发放调查问卷等形式第一时间了解新杭州人的所需所

想,及时掌握动态情况和存在困难。2012 年,杨家牌楼社区结合"三进三解"①大走访活动,共收集到关于新杭州人劳动保障、子女就学、工资待遇及医疗保险等 31 个问题。街道针对社区上报的问题进行分类梳理,排出工作重点,推出就学、就业、就医、保险等 12 项服务举措进行解决,如在杨家牌楼社区试点开设新杭州人就业服务窗口,满足农民工不同层次的就业信息需求。

第三,整合资源让新杭州人有发展空间。在社区设立"新杭州人之家"作为交流沟通和开展教育培训的平台,开办外地人口成人教育专题培训班,免费为农民工提供各类技能培训。同时,加大社区的投入,高标准建立社区图书馆、电子阅览室、卫生服务站、老年保障室、健身房等活动场所,向新杭州人免费开放。通过社区一站式服务和"15 分钟服务圈",让他们与本地居民一样享受品质生活。

> 王某,女,23 岁,江西人,来留下打工已经快 4 年了。平时在一家制药厂打工,从来没有被扣过工资或奖金,但做的只是流水线上的简单操作。对比别人,她后悔没有好好上学,高中没毕业就出来打工了。到了城市打了几年工,心有不甘。这次,社区专门提供了电大会计专业的学习,虽然一切从零开始特别累,但她几乎放弃了所有的休息时间。2 年来,她已经通过自己的努力离开了流水线。【访谈记录20140605WY】

第四,营造氛围让新杭州人融入留下生活。为进一步增强新杭州人的归属感和认同感,杨家牌楼社区坚持文化引领原则,免费向新杭州人发放《留下印迹》《西溪沿山十八坞》等书籍,鼓励新杭州人参与社区文体活动、文明城市创建等公益活动。同时通过社区党建远程教育平台开展"在当地争先锋、为家乡做贡献"主题活动,进一步强化与促进新杭州人的主体意识和组织融入。

---

① "三进三解"是指各地结合中央群众路线教育实践要求,开展"进农村、进社区、进企业,了解社情民意、化解矛盾纠纷、破解发展难题"活动。

二、江锦社区"客栈化"管理服务模式

江干区是杭州"城市东扩、沿江开发、跨江发展"的主战场,仅 2012 年,江干区新增城镇就业岗位达 27648 个,成为流动人口重要聚集区。截至 2013 年4 月底,登记在册流动人口数为 42.1 万人,比常住人口数多 5.5 万人,占全区常住人口总量的 50.8%,占杭州市五个主城区流动人口总量的 1/3。四季青街道是江干区城市化的"桥头堡",也是杭州市钱江新城的辖区所在地。街道以商贸流通、服装特色街等各类专业综合市场闻名全国,因此,辖区内流动人口的"三同"现象突出,即以同乡、同业为纽带同聚在一个区域,形成同乡聚居、同业聚集和同乡同业聚集。截至 2013 年年底,四季青街道常住人口为3.16 万人,流动人口 2.4 万人,流动人口占比 42.2%。江锦社区地处四季青街道钱江新城的核心区块,地理位置优越,是一个回迁安置型城市社区。2013 年年底,社区常住人口为 3816 人,共有 4726 套房屋,自住房屋 1918 套,出租房屋2421 套,其中群租房 373 套,淘宝店 174 家。流动人口已登记办证人员 5600人,远远超过社区居民的人口数量。由于出租房屋多、租住人口多、人员流动性大,各类治安、刑事案件时有发生。据统计,2013 年社区发生治安案件 610起,月均发案 50.8 起,流动人口的发案率达 70% 以上,已经成为影响社区稳定的一大隐患。江锦社区在 2014 年 2 月初开展全体居民对《江锦社区出租房屋管理公约(草案)》和《江锦社区门禁管理规约(草案)》意见建议征求活动,实施"客栈化"管理和服务模式。

第一,理顺社区客栈的组织架构和职责分工。江锦社区将"和谐客栈"分为东、南、北三个片区,社区警务室作为"客栈前台"负责社区租住的入住登记,其对租客身份核查后为租客办理出入单元门的智能门禁卡,门禁卡中包含了租客的个人信息,并且与居住证关联,实行专人专卡。社区副主任担任客栈总经理,负责社区的出租房管理和服务工作。物业主任担任客栈经理,负责租客的疑问解答、争议调解和投诉处理等,遇到需要统筹和上报的问题就找客栈总经理。通过管理使回迁安置型城市社区的租住难题得以规范。

第二,创新社区流动人口信息采集机制。江锦社区根据租客流动性大这一特点,在客栈前台建立了 AB 登记本制度——A 本由房东登记,B 本由警务室保管。社区工作者在定期走访中,两本一对照,信息就能及时更新。2015年年初,江干区在江锦社区试点流动人口管理和服务创新工作,为出租房全部安装二维码。房东或租客只要用手机扫一扫家门口的二维码就能实现信息申报、更改,不需要再到社区递交材料、申报信息和办理暂住证。

第三,提升客栈化社区服务的联动能力。以客栈片区为基本网格,配以流动人口协管员、群防队员、责任社工及公安、计生、教育、劳动保障等线条管理和服务力量,落实流动人口服务管理包干制。同时,定期召开出租房房东会议,由江干区住建局、区消防大队、四季青派出所、四季青街道综合治理科的工作人员来讲解租房的安全知识和环境设施配置要求。

第二节　撤村建居社区及其融入探索:以六堡社区和格畈社区为例

撤村建居社区作为一种聚居形式,有其不同于其上城市社区和其下农村社区的新生社区的专有特色。2000 年以来,随着中国城市化进程的不断深入与城市空间的进一步拓展,为加强城市化管理、理顺城郊农居混杂地区的管理体制,各地对都市村庄进行了"村转居"的改造,由此也形成了大量撤村建居社区。1998 年 11 月,杭州市委市政府发出《关于在市区开展撤村建居改革试点工作的意见》,决定对杭州市区建成区内的行政村和城郊人均耕地面积 0.1 亩(1 亩≈667 平方米)以下或全村耕地总面积 20 亩以下的行政村和自然村进行撤销行政村建制、建立居民区建制的改革试点。

与成熟的城市社区相比,撤村建居社区有两个明显的特征。第一,社区公共资源和服务供求矛盾较为凸显。撤村建居社区处于农村社区向城市社区的过渡阶段,"过渡性居住"带来的空间变化影响了社区居民继续享有原地域资源或者使社区居民获得资源的路径发生变化,因此,居民享受公共服务和生活的成本会随之增加。第二,社区成员构成复杂带来社会属性多元化。撤村建居社区的大部分居民为原村民,也包括大量的流动人口,有商品房的撤村建居社区还包括新入住的城市居民。不同的文化价值观念和生活观念易形成不同的文化圈而造成社会分化。因此,撤村建居社区在促进农民工城市融入的探索上更强调服务的灵活性及社会资本的再生产,以弥补这些改制社区内生社会资源的不足。

一、六堡社区"新彭埠人之家"流动公共服务工作站

彭埠镇是杭州市江干区涉及拆迁过渡社区数量最多的镇。2012 年,彭埠镇共有 12 个村整村撤村建居,占全镇村社比例的 76%,涉及人数达到 1.8 万人。彭埠镇作为杭城东部的陆路交通枢纽,紧邻杭州下沙经济技术开发区。2012 年,流动人口的数量为 11.9 万人,是本地常住人口的 4 倍,也是江干区流动人口最多的街镇。彭埠镇六堡社区于 2005 年撤村建居,截至 2014 年年底,六堡社区共有户籍居民 776 户 3409 人,流动人口 2.5 万人,其中办理居住证的人数为 1.75 万人。2012 年,六堡社区推广"新彭埠人之家"流动公共服务工作站模式,以更好地为流动人口提供社区服务。

第一,延伸社区服务拓展服务半径。"新彭埠人之家"流动公共服务工作站的服务项目涵盖了扶贫帮困、综治维稳、法律服务、医疗卫生、科教文体、劳动就业、便民服务七大服务线。考虑到年轻人白天基本上班,去社区办事不方便,六堡社区在流动人口聚居地都建有公共服务工作站点,在各个服务点都能享受到社区公共服务工作站的所有服务。流动服务站点的设置实质上拓展了社区公共服务工作站的服务半径,以"民有所呼、我有所应,民有所求、我有所为"为服务宗旨,实现了空间的"脱域",将社区工作真正地深入流动人口的生活中去。

第二,贴地服务更具"人情味"。流动公共服务工作站各个服务站点设立后的第一项工作就是摸清所在楼栋的人口分布和类型情况,并且上门拜访。驿站采取驻点登记和上门登记相结合的方式做好社区管理和服务备案工作,

动员已核实身份的流动党员迁入社区临时党支部,与本地党员同考核、同教育、同评比、同表彰,并将考核和教育情况通报流出地党组织。通过双向管理和服务,有效破解了流动党员"流出地管不到、流入地管不了"的难题。通过社区党建的引领和驿站的联结,流动人口的联系紧密度和社区信任感也得以提升。

第三,发挥社会组织和志愿者团队的服务合力。流动公共服务工作站依托社区社会组织、社区注册志愿者、志愿组织为流动人口提供理发、修鞋、义诊、电脑维修等便民服务,民政、残联、劳动保障等多种政策咨询服务,通过具体的服务项目,实实在在为外来务工人员提供社区便民服务。同时,通过"律师进站、工会进站"等社会力量,针对外来人员劳动权益受侵害的问题,组织开展义务普法宣传,向务工人员普及容易被忽视的劳动政策法规、职业安全知识,提高他们的维权意识。

二、格畈社区"工会新杭州人志愿服务站"

九堡镇位于杭州市江干区东大门,截止到 2013 年年底,常住人口为 2.3 万余人,流动人口 8.6 万人。为促进流动人口更好地融入"第二故乡",九堡镇积极探索服务、维权、教育、管理一体化的新杭州人管理服务长效机制,并于 2010 年 6 月成立了全市首家工会新杭州人志愿者服务站——九堡镇格畈社区工会新杭州人志愿者服务站。至 2013 年年底,格畈社区有本地居民 3400 人,流动人口达到 1.5 万余人。社区工会新杭州人志愿者服务站为撤村建居社区推进流动人口的社区融入提供了新的载体。

(一)为流动人口参与社区生活开辟了"绿色通道"

格畈社区作为较早撤村建居的社区之一,社区配套用房、服务设施、社工队伍素质等与城市社区仍有一定的差距,工会新杭州人志愿者服务站的设立,为本社区流动人口参与社区生活开辟了"绿色通道",有效地促进了社区居民与新杭州人之间的融合。工会新杭州人志愿服务站同时整合了社区"草根之家"等农民工自发性组织,为农民工提供免费咨询、电脑培训、书籍阅览等服务。为缓解"草根之家"的组织设施、经费、服务项目等不足,工会新杭州人志愿者服务站聘请"草根之家"几位"掌门人"作为工会工作志愿者以实现农民工自发组织动员资源和社区硬件资源的互补衔接。社区工会新杭州人志愿者服务站通过与上级工会职工维权体系的对接也促进了志愿者服务站自身较快地步入正常的发展轨道,提升流动人口规范化服务水平。

(二)提升流动人口的社区公共服务水平

社区工会新杭州人志愿者服务站结合"律师进社区"和志愿者中的律师资源,针对生产、建设一线农民工的实际需求,开展免费合法维权、矛盾纠纷调处、法律政策咨询等服务项目。同时,结合工会"送温暖"等长效机制和对特困职工的定期救助制度,建立健全新杭州人之间的互助机制。工会新杭州人志愿者服务站定期为新杭州人提供电影放映厅、卡拉 OK、乒乓球桌、健身器等业余文体设施,组织新杭州人特别是新生代农民工参与工会活动,增强新杭州人、辖区居民之间的多向交流和感情沟通。

(三)探索发展新杭州人公益性服务事业发展

社区工会新杭州人志愿者服务站为建立稳定的社区服务队伍,选聘辖区较有影响力的社会公益人士和部门领导、律师及学者等加入工会志愿者队伍。针对社区新杭州人服务需求大、志愿者服务站资金压力大等实际困境,通过政府专项补助、工会帮扶等多渠道拓宽经费来源渠道。同时,鼓励志愿者服务站在不改变其公益性机构性质的基础上,通过增设服务项目、寻求冠名服务项目资助等方式提升共建资源和社会资本在推动新杭州人社区和社会融入中的协同力。

第三节　农村社区及其融入探索: 以优家村和五塘新村为例

改革开放以后,市场化和城市化推动了村庄非农经济的兴起,在长三角、珠三角,非农经济不仅是村民的主要经济来源,也已经成为农村地域性共同体的重要组成部分。房屋(包括各类厂房和住房)出租市场乃至物业、公共服务和社会服务业蓬勃发展,村庄也为市场和外地人的到来不断调整着内部的社会关系和各项制度。外地人的大量涌入和稳定租住则重塑了传统意义上的村庄边界和"邻里"关系。所谓"邻里",本研究所指的并不单单是农村聚落的邻居关系,而是所有空间上的接近,换言之,基于长期或暂时的居住或停留而形成近邻关系从而产生的共同利害关系。① 当然,稳定的邻里关系并不意味着外地人的村庄融入,从组织设置来看,《农村村民委员会组织法》和村民代表大会制度只适用于本村村民。但社会交往的频繁和公共空间的一致在不断强化本村人和外地人之间的"共同利害关系",从而成为事实上的参与的基础,这种基础与被自治组织拒斥在外这一现实之间的张力不断凸显。因此,如何突破以村籍为基础的自治组织形态、架构本地人和外地人共同协商的制度载体,成为农村社区推进外来农民工社区融入的关键。

一、优家村"村务协商议事会"

优家村位于浙江省嘉兴市嘉善县惠民街道。嘉善县位于浙北地区,地处江浙沪三地交界处,是长江三角洲的中心地带。全县区域面积 506 平方公里,辖 6 个镇 3 个街道 104 个行政村 47 个城市社区居委会。截止到 2012 年年底,常住人口约 73 万人,其中本地户籍人口 38 万人,城镇化率为 62%,是浙江省人口规模和政区面积相对适中的一个县。优家村与嘉善县县城接轨,西靠交通枢纽,紧邻嘉善县经济开发区管理委员会。随着嘉善县经济开发区的发展和壮大,以及城市化建设的推进,外来打工人数骤增。截至 2012 年年底,全村共有村户 467 户,本村户籍人口 1560 人,外地人常住人口 10000 人左右,本地人和外来打工人数比约为1∶6,集体经济年收入 400 万元。据调研统计,优家村村民的收入包括四部分:第一是出租收入,全村连同集体所属商业街的店铺共有大大小小的出租房 5400 余间,每年房租收入 1000 万元左右,户均年

---

① 韦伯.经济行动与社会团体[M].康乐,简惠美,译.桂林:广西师范大学出版社,2004:261.

出租收入约 2 万元。第二是村民打工或务农的收入。第三是村民年底的股金分红，从 2006 年开始，村集体经济实现年底一次性分红。2006 年的标准是每人每年 800 元，2012 年涨到了 1200 元。第四是村民的养老金等其他收入。从收入结构来看，租金是本地村民最主要的收入来源。

随着人口倒挂的加剧，邻里矛盾及村务纠纷频繁发生，优家村建立一个本地人和外地人都能表达自身意愿、参与事务讨论和决策，同时也能将部分矛盾和问题化解在"萌芽"状态的需求越来越强烈。优家村退休干部胡某主动组织和发起了这一倡议，"倡议建立议事会的初衷，是希望能有个全体村民（补充：包括新居民）都能'发言'的平台"【访谈记录 20130906HSC】。2013 年 5 月 30 日，在胡某的组织下优家村村务协商议事会成立，并在嘉善县民政局注册。优家村村务协商议事会实行会员制，设立理事会负责日常管理工作，截至 2013 年年底，注册会员有 30 人，全部由普通村民、村"两委"人员、两代表一委员、新居民等各个层面的群众自愿报名参选产生。优家村村务协商议事会的组建也引起了嘉善县政协和嘉善县民政局的关注，成立当天，两个部门的领导均出席了成立会议。政府层面认为，优家村村务协商议事会是基层民主管理的又一次探索，也是浙江省第一个"全民可参与型"的村务协商议事组织。

> 村民自治包括民主选举、民主决策、民主管理和民主监督四个方面，不能简单局限为民主选举。目前，我县村民选举制度完备，而其他三个方面有待深化和推进，尤其要重点解决村民自治中的"协商民主"问题。开展村级的民主协商，让本地人、外地人全体村民代表在议事会这个社会组织平台上，充分反映所代表群众的观点，通过沟通、协商、对话、合作等形式凝聚共识、消解矛盾，同时更好地建言献策、汇聚力量、服务大局。
>
> ——摘自嘉善县政协副主席在成立会议上的讲话【讲话记录 20130530LC】

从优家村协商议事会的会员构成及运行来看，社团为全村性、联合性、非营利性社会组织，接受业务主管单位开发区（惠民街道办事处）、社团登记管理机关嘉善县民政局的业务指导和监督管理,住所设在优家村。通过议事协商、民主恳谈和民主听证等活动,畅通各类群体利益表达渠道,维护群众合法利益和社区共同利益,引导村民有序参与民主协商,培养全体村民依法治村、民主协商的自治能力,从而提高解决村务的组织化程度。议事会定期召开例会,须有 2/3 以上会员出席方能召开会员大会,相关决议必须经应到会员半数以上表决通过方能生效。会员大会每届 3 年,因特殊情况需提前或延期换届的,须由理事会表决通过。商议事项可涉及本村民生事业、村务管理中的重要事项,尤其是群众反映强烈的生活热点、难点问题,如环境卫生、公益事业等。对于土地征用、村集体资产租赁和处置等其他生产性、经济问题也可达成共识后形成协商议案提交"两委"班子。协商议事会议根据广泛、民主、高效的原则,采取多种形式。全局性事项由全体会员代表参加;单一方面的事项由相应会员代表参加,也可全体会员参加;涉及部分群众直接利益的事项,可邀请利益直接相关人参加。① 会员的基本情况详见表 7-1。其中外地 6 名会员从事职业分别为打工 4 人,个体商户 2 人。关于会员中本地人和外地人的人数比例问题,本研究也曾询问过优家村书记、主任兼议事会会长严某,严某表示:

> 关于比例问题,村里也曾多次商议,肯定不能从总人数的比例来简单确定会员的比例。4∶1 还是基本符合报名的总体比例的,毕竟,我们只是刚刚起步,尝试着先把平台建立起来,今后的调整还是要看实际需要和运行效果。【访谈记录 20130906YWQ】

表 7-1 优家村村务协商议事会会员结构及人数情况

内容	性别		政治身份		户口所在地		目前从事职业							
选项	男	女	党员	群众	本村	外地	务农	打工	个体户	企业主	村医生	村"两委"	政府部门、国有企业公职人员	退休
人数/人	25	5	15	15	24	6	6	7	4	2	2	2	4	3

---

① 摘自《嘉善县惠民街道优家村村务协商议事会章程》。

优家村协商议事会的组建在村庄内部打破了本地人和外地人的户籍区分,通过"再组织"的方式重构生活共同体,在一定程度上回避了因组织边界而引起的参与排斥问题。优家村协商议事会在组织设计和制度形成过程中消解了两种边界之间的张力,在讨论和决策中缩小了分歧、达成了共识,从而增强了混居社区的凝聚力和决策合法性,丰富了村庄变迁过程中社区自治的内涵。

二、五塘新村"和谐促进会"

五塘新村位于浙江省宁波市慈溪坎墩街道。据宁波市流动人口管理办公室提供的数据,截止到 2014 年 6 月,宁波市外来人口数量为 423.5 万人,而该年年末宁波市拥有的户籍人口为 583.8 万人。在宁波稳定居住的外来人口快速增加,2013 年在宁波稳定居住 5 年以上的外来人口为 28 万人,2014 年这一数字达到 32 万。同时,新生代农民工的数量也在增加,从 2003 年到 2013 年的十年间,文化程度在初中及以上的外来人口比例增长了 13%,大部分为 35 岁以下的二代农民工。

宁波市和谐促进会于 2006 年 4 月在宁波慈溪市坎墩街道五塘新村成立,因在 2010 年获得中国社会创新奖、2012 年获得第六届中国地方政府创新奖而受到广泛关注。截止到 2012 年年底,五塘新村常住人口 670 人,外来人口3100 余人。五塘新村周边分布着大量制造企业,对于外来务工人员而言,解决居住最为经济便捷的方式就是租赁村民家中闲置的民房。村民收入主要来源于房屋出租,共有 190 多户 2040 余间房屋出租,全村年可收房屋租金近300 万元。同时,由于外来人口的集中稳定租住,整个慈溪地区类似五塘新村这样的社区都面临着村民和外来人口、外来人口之间的摩擦和冲突,甚至演化为治安事件。

> 2004 年,村里一户房东与租户发生纠纷,起因是房东自留田中的小葱被偷,正巧看见租户家中放着小葱,房东话语中暗示是租户偷的,由此引发口角。这件事很久也没调停,甚至闹到要用刀子解决问

题。村书记出面也无济于事,双方始终处于僵化对峙状态。当时从江西来慈溪打工的吴某也租住在村子里,他得知这件事情后主动参与开导,因为他和当事人同样的外来务工身份,反而迅速取得了良好的沟通效果,平息了事态。之后,吴某接连解决了数起村民和租户间发生的摩擦。【访谈记录20130419WYS】

上述事件给五塘新村的村书记胡某极大的启发。在人口倒挂的村庄,类似吴某这样拥有外来务工人员身份的人员更能得到外来人的认可,从而为村务纠纷和社会矛盾调处创造沟通的纽带和协商的基础。由此,胡某萌生了一套"以外管外"的治理策略。2006年4月,五塘新村向慈溪市民政局办理社团备案登记,成立慈溪首家村级和谐促进会。和谐促进会按章程由村党支部书记担任会长,由吴某担任常务秘书长。促进会下辖7个专门工作委员会开展社区管理服务、社区治安群防群治、社区矛盾排查化解、社情民意诉求表达、重点人员服务管理、维稳信息源头获取、突发事件应急处置、乡风文明培育营造等工作项目。工作委员会由外来务工人员中服务意识强、社会威望较高的精英担任专职副会长,并根据外来人口的居住分布情况设立片、组,由其中的优秀分子担任组长或片长(见图7-1)。慈溪市第一个和谐促进会在镇街党工委指导下,由村党支部、村民委员会、经济合作社管理和协调下运作,议事流程如图7-2所示。

和谐促进会的创建为新老村民的沟通融合搭建了平台,淡化了"本地人"、"外地人"的概念,打破了那种原来以亲友、老乡为圈子的生活方式,使新老村民有组织地融合在一起。宁波基层和谐促进会的实施通过建立基层组织与社会组织协同机制,培育和谐促进员队伍,引领新老村民参与治安防范、收集社情民意、化解矛盾纠纷、管理社会事务、服务村级发展等,增强了民众参与的自觉性和主动性,实现了"新老市民共建共享融合模式"向"基层组织和社会组织协同治理模式"的转变。

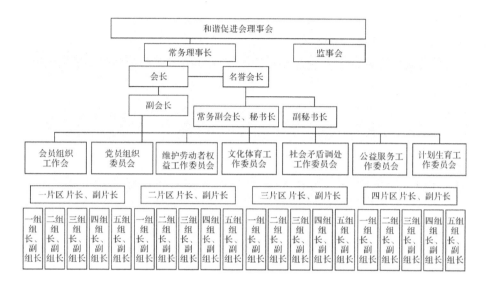

图 7-1 五塘新村和谐促进会组织架构及人员构成

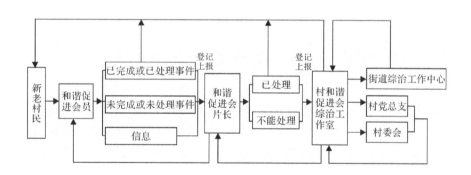

图 7-2 五塘新村和谐促进会议事流程

第四节 纯农民工居住社区及其融入探索：以力邦社区和邻里社区为例

与上述三种社区类型不同,本研究所探讨的纯农民工居住社区是指地方以企业化的方式对农民工提供集中居住及相应的公共服务和社会管理的社区类型,强调政府管理、企业经营和居民自治的结合。因此,这类社区既体现了当前地方政府以社区建设的方式来推进农民工的城市融入和服务管理理念,也具有社会学意义上作为地域性生活共同体的社区含义。长三角、珠三角等农民工集中流入的地区都有建造外来人员公寓的尝试,但不少城市只解决了"住"的问题,其他一概不管。而纯粹出租房屋的盈利模式往往存在诸多管理上的盲点和空白,公共服务没有配套跟进,造成大量的社会问题和治安隐患。本研究对宁波的力邦社区和杭州的邻里社区进行了专题调研,两者在社区管理上由投资商进行市场化运作,同时地方政府对社区重大事项如住宿费、餐费等价格变动拥有否决权(如力邦社区所在的西坞街道拥有 10% 的股权)。政府和企业是"掌舵"和"划桨"的合作关系,实现了社会效益和经济效益的双赢。同时,人性化的服务和社区化管理也使农民工增强了"生活共同体"的意识,激发了他们作为社区居民的责任意识。

一、力邦社区实现"社会效益和经济效益"长效双赢

2001 年,宁波奉化西坞街道就已有企业 438 家,外资企业 20 余家,外来人口日益增多后的食宿后勤服务及有效管理问题成为企业和地方政府面临的突出难题。为了创造良好的招工环境,使农民工稳定安心,西坞街道立项建造"西坞外向科技园区服务中心"(当时暂定名),并由企业来立项投资运作,街道占少量股份,拥有否决权。项目整体发展思路是"以低价位吸引人、以三产弥补低价位不足、以规模效益增加收益打响品牌形成聚居人气"。2002 年 8 月,力邦社区正式成立。

> 当时社区居民入住价是包括水电费在内每人每月 18 元,普通宿舍分大间、小间,大间每间 28 平方米,小间 20 平方米。当时,西坞街道普通厂房出租是每月每平方米 8 元,按照普通工业用房出租 28 平方米价格是 224 元,而力邦社区每人每月收 18 元,一个大间住 10 人

每月共 180 元。力邦社区的房价比工业厂房租金还便宜！①

截至 2012 年 6 月，力邦社区共有 2800 多名外来务工人员入住，90％是 20 岁上下的年轻务工人员，他们来自 12 个民族 20 多个省区市，分布在西坞街道 51 家企业中。力邦社区成立了 35 个社区居民代表大会，党工团妇组织均有外地人参与，有 29 名居民在力邦社区入党。在其他地方，流动人员因为没有户籍被排除在社区居委会之外，居委会工作谈到农民工的时候，往往是作为问题被讨论和考虑。但在力邦社区，居委会成为农民工自己的组织，居民对社区的大事小事都有话语权。社区居民代表会议按季召开会议，对涉及外来人员切身利益的规章制度、收费等问题进行讨论，重大突发事项随时开会讨论。牵涉经济利益问题，就通知董事长兼居委会主任参加。

2012 年，立邦社区朝南 28 平方米 10 个床位的大间价格调整为每月每人 25 元，朝北 20 平方米 6 个床位的小间每人每月 20 元。另外，推出了 80 平方米 3 个房间和 100 平方米 4 个房间的套间供夫妻居住，每对夫妻每月 150 元，卫生间和厨房公用，总共有 80 多对夫妻入住。

> 李某，32 岁，安徽人，在西坞街道某企业担任技术管理工作，月工资 3000 多元，每天工作 10 小时，每个月上班 26 天；妻子，28 岁，在一家衬衫厂做缝纫操作工，一个礼拜工作 5 天，每天 8 小时，收入比丈夫低很多，不到 1800 元，两口子合在一起每月不到 5000 元的总收入，应付力邦社区的居住开销足够了，每年过年可以积攒三四万元钱回老家。明年他们 6 岁的儿子就要入学了，即使过来奉化读书，这个开销也是不成问题的。【访谈记录 20120628LZZ】

同时，力邦社区建造了 1000 平方米的文化宫供居民休闲娱乐，还开辟多媒体教室邀请有关教师和技能人员有针对性地组织学习和培训。社区开展了交通安全、职业病防治、新婚姻法等培训，提升居民的人力资源质量和生活质

---

① 材料由奉化市西坞街道办事处提供，摘自街道宣传册《和谐力邦》。

量,居民还参加了电大、自大学习,以及英语培训和其他各类技能培训。为了增强社区的自治氛围,力邦社区每年开展"十佳居民"评选活动,通过全体居民投票、征求意见、候选人公示、评选委员会考核等程序评出"十佳居民"和"优秀居民",并邀请其父母和家人参加表彰仪式和大型文艺晚会,增强居民的归属感和认同度。

力邦社区探索出以"市场化运作、社区化管理、人性化服务"为特征的融入模式,为优化外来务工人员的服务管理提供了有益的启示。纯农民工居住区如果作为一项政府工程、公益事业来办,大都因为资金问题难以为继,而采取"企业办社会"的模式也同样面临成本问题容易成为包袱,完全市场化的公寓模式则因为片面追求经济效益难以为外来务工人员所接受。力邦社区的顺利运行得益于当地政府在推行市场化模式后保留股权并保留否决权,保护了外来人员的切身利益,也实现了企业的可持续运转,实现了社会效益和经济效益的长效双赢。

二、邻里社区"新生代农民工的蓝领之家"

邻里社区位于杭州市下沙经济技术开发区白杨街道,紧邻杭州出口加工区和工业园区,在31.8平方公里的土地上聚集了西门子、东芝等世界500强企业等在内的400余家企业。截止到2012年年底,白杨街道常住人口约9万人,流动人口约4万人。邻里社区是纯外来务工人员居住的社区,本着"外来务工人员住得舒心、投资商开心、当地居民放心、政府和用工企业省心"的建设理念,社区采取了"政府主导、市场运作、社区化管理和服务"的运行模式。邻里社区建有13幢多层和高层住宅,内含1400多套居室。社区于2006年1月正式挂牌成立,是杭州市最年轻的社区之一。截至2014年年底,已入住了东芝信息、摩托罗拉、松下、矢崎配件等18家企业的9200余名外来务工人员,平均年龄21岁,来自11个省区市,其中大部分为企业蓝领。

邻里社区的居室出租采取政府补贴、企业承租的模式,外来员工每月只需花40元租金。在生活成本较高的杭州,这个居住费用几乎是一般城市出租房租金的 1/20。因此,在年轻打工者聚集的下沙,邻里社区的欢迎度非常高,入住后的流动率也很低。

> 杭州经济技术开发区现有近 600 家工厂,近 200 家的规模在千人以上,是当地制造企业聚集地。山东姑娘小张 2006 年起就在开发区一家工厂打工,从一线操作工逐渐被提拔为组长。2010 年入住邻里社区至今。邻里社区低廉的房租和便捷的生活配套设施是吸引她入住的主要原因。她表示,刚到杭州,工资的主要部分都用来付房租,当时和朋友合租,每月 250 元。9 年间她的月薪从 1400 多元涨到 2800 元,翻了一倍,但现在有了工友圈子,休息时常结伴外出,物质要求也明显提高:买牛仔裤,最初只选最便宜的那种,现在一般要穿中档的了。"在城市生活,大家都这个标准,你就不能穿得太差。"加上下沙的房租也翻了一倍多,小张每月盈余从最初的 1000 元趋向于零,工资月光更是常有的事。"还好,邻里社区的租金很便宜,不然根本没法在杭州待下去。"【访谈记录 20150317ZL】

邻里社区为创造和谐的生活环境和活力氛围,积极打造"青春邻里、人文邻里和平安邻里"三大品牌。社区主任张某介绍说,现在社区做到了每周有主题、每月有活动。通过以亲情化管理、星级化制度、人性化服务和丰富多彩的业余生活使这些新生代农民工在杭州找到归属感。针对社区里年轻人多的特点,邻里社区成立了楼道团支部、团委,还有舞蹈队、文学社、篮球队、蓝翎艺术团等社团和文体小分队。承租企业也借助邻里社区这个平台加强企业与员工之间的情感交流,从而增强企业的凝聚力。邻里社区还建成了市民学校、电子阅览室、外语培训基地、模拟法庭、群众体育健身点等服务设施,开展了蓝领成才工程、社区邻居节等文化品牌活动,进一步提升年轻打工者的社区融入意愿和融入能力。

第五节　其他城市农民工社区支持的探索和实践

一、广州外地人微自治："凤阳幸福平安联谊会"

2013 年 10 月,当时广州市唯一一家法定备案的联谊会"凤阳幸福平安联谊会"在广州市海珠区凤阳街道成立。凤阳街道辖区内分布着海珠最赚钱的城中村,是中大布匹市场、针车市场的核心区块。截止到 2013 年年底,凤阳本地常住人口 7 万人不到,流动人口则达到 40 万人,来自全国 237 个市县,本地人和外地人的比例达到 1∶6,甚至更低。如何管理和服务人数占比高的外地人成为海珠的基层难题。

> 在翠园(凤阳街道一个小区),光是来自福建松溪一个县的外地人就有 5000 人。整个片区,湖北来的打工群体超过 6 万人。粤语成了小语种。别说堵车,到了晚上,康乐村这一带都是直接堵人。【访谈记录 20131127WSZ】

面对人口严重倒挂的现状,老乡、同行等社会关系取代了社区普通邻里关系。于是,地方政府借助"以外管外"和"小事不出村,就地化解矛盾"的逻辑牵头组建了"凤阳幸福平安联谊会"。整个筹建工作历时 4 年多。为了预选有威信、有人脉的外地会员,从 2009 年至 2012 年,凤阳街道党工委与街道治安民警和村社一起,聚焦各类社会纠纷和社会矛盾,从中挑选初期会员。2012 年 12 月,凤阳幸福平安联谊会成立。2013 年 10 月,联谊会正式通过珠海区民政局审批备案,从而拥有了合法身份。按照章程,联谊会是由异地务工人员自愿组成的地方性社会组织,业务范围包括关爱务工人员、公益帮扶、慈善救助、维护合法权益、参与地方社会管理监督、维护社会稳定等。联谊会跨省跨行业,会员超过 1000 人,会长、秘书长各 1 人,副会长和理事 15 人,设有 20 个分会,每个社区一个分会。各个分会长担任社区网格化管理小组副组长,与当地社区居委会一起实行社区网格化管理、提供组团式服务和加强片组户的民情联系。

以前动拳头打架找社区、找街道、找公安都没有用，搞不好还引起更大层面的对立。现在不一样了，哪里的老乡有矛盾就找哪个地方的分会长和理事出面协调。总之，谁家的孩子谁抱走，不能干违法的事情。【访谈记录20131127YWX】

街道将辖区内外来务工人员的文化活动中心与联谊会衔接，开展技能培训、普法宣讲、计生辅导、健康咨询、法律援助和救助帮扶等活动。同时，条线工作也延伸至联谊会，党建和工青妇均建立对接并成立志愿服务队吸纳外来务工人员参与社区治理和社区服务。作为基层社会治理和外地人城市融入的地方探索，联谊会通过"以外管外"的方式调处了社会矛盾，而更重要的是，作为一个汇总外地人不同"声音"的协商平台，联谊会通过社区网格化管理与地方社会嫁接，在商议中既维护了外地人权益也理顺了集体经济发达的村社地租利益再分配问题。

这个月初（指2013年11月）针对五类车限行的规定中，外地人与街道执行人员又起了冲突，一度聚拢了好几千人。后来联谊会出面促成双方谈判，既遵守维护交通秩序和出行安全的要求，又兼顾外地人的实际情况，将五类车与村里的电瓶车一道实行分时段放行。【访谈记录20131127YWX】

二、上海人口调控和管理服务新政：以业调人、以房控人、以证管人

近年来随着人口总量的增长、城市公共空间和资源的饱和，上海市宝山区、金山区等农民工密集的城区陆续出台人口调控和管理服务新政，尤其对落后产能和中低端劳动密集型行业及其外来务工人员进行了较为严厉的调控规定。以上海金山区石化街道为例，2014年明确了"十二五"末期确保完成人口调整和管理服务目标，按照"以业调人、以房控人、以证管人"的总体思路加强调控，重点整治城乡接合部、城中村、违法建筑、群租等问题。截至2015年年

底,常住人口总量控制在 90224 人。但从调研数据来看,2015 年石化街道人口总量达到 11 万人左右,其中外来人口 3.1 万人,人户分离人口 3.9 万人。

第一,坚持"以业调人",引导人口规模结构优化。加强对违法从业、非法经营等行为的综合打击和联合专项整治行动。全力清理和打击"黑车"运营,并加强非法客运的联合执法整治。依托城市网格化管理,完善无照经营的发现机制、抄告机制和引导机制。加强无证无照经营综合治理和对无证食品生产经营活动的专项整治。加强合法用工管理,规范用工单位劳动用工行为,力争实现 100%凭证用工、100%签订劳动合同、100%缴纳社会保险。近年来,在上海包括其他城市的农民工聚居区兴起了大量非正规经济。非正规经济的主要特点是不受国家制度(如劳工制度、社会保障制度、税收制度等)的调控或约束。[①] 马流辉从底层逻辑的视角指出,城郊接合部、城中村中的农民工因制度排斥和收入低下无法实现其与家庭居住在城市的现实需求,于是催生了这个群体自给自足、相对封闭的非正规经济形态。[②] 在金山、宝山、奉贤等城郊的调研过程中,本研究发现,大量非正规经济在农民工聚居区蓬勃发展并深深嵌入当地的外来人口社会网络之中,形成了稳定的循环封闭链条。

> 以奉贤区南桥镇为例,2013 年年底共有常住人口 38.3 万人,包括本地户籍人口 12.6 万人和外来人口 25.7 万人。2004 年以来,外来人口经营的餐馆、作坊、诊所、网吧、幼儿园、超市、菜场、理发店、打印店、水果店等囊括吃穿住行的非正规经济 5000 余家,分布在南桥镇 21 个村社。

大量的个体户经营都没有进行正规注册。非正规经济在一定程度上的确是制度不公或服务供给不足的后遗症,且由于缺乏制度监管,其安全隐患及社会风险也长期存在。

---

① 苏振兴.关于非正规经济的几个问题[J].拉丁美洲研究,2001(5):22.
② 马流辉.底层社会、非正规经济与参与式治理:基于上海城乡接合部桥镇的考察[J].学习与实践,2015(11):112.

第二，坚持"以房控人"，强化人口源头控制。坚持"源头发现、遏制增量、控拆并举、以控为主"的工作思路，稳妥拆除违法建筑。大力排查整治群租行为，严格控制增量，开展住宅小区群租整治专项行动。完善群租整治长效机制，对群租现象做到"发现一起，查处一起"，将群租情况始终保持在可控状态。

第三，坚持"以证管人"，促进人口合理有序流动。严格居住证制度，《上海市居住证》申请人必须符合"合法稳定就业、合法稳定居住"两个基本条件。建立房屋编码长效常态信息维护机制，严把"合法稳定居住"关。明确居民区书记为第一责任人，对从事非法客运等情况人员实行"居住证"办理等一票否决。为了推进"以证管人"的长效机制，上海市奉贤等区鼓励具备以下三个条件的外来人口参与当地村委会选举：第一，年龄满18周岁；第二，有居住证；第三，回户籍所在地开证明，承诺放弃户籍所在地的村委会选举权。

三、江苏江阴：借力社会组织构建和谐新老市民关系

作为江苏省的重要县域，江阴市近年来随着经济社会的快速发展吸引了大量外来务工人员。据江阴市委党校相关研究人员提供的数据，江阴近十几年外来务工人员的数量呈倍数增长：1997年为9.8万人，2001年为18万人，2006年为54万人，截至2012年年底，江阴市登记在册的流动人口已逾100万人。其中，青壮年人群为流动人口的主要群体，16周岁以下的流动人口占比8.28%，16～45周岁的流动人口占比76.75%。从居住时间来看，居住1年以上的比例达到51.19%，暂住在各类出租房内的比例为72.05%。

为了构建新老市民和谐共处的社区环境，江阴市积极搭建社会组织吸纳新老市民参与社区服务和管理，将社区建设为新老市民的生活共同体。

2011年，江阴市长泾镇成立了"新市民维权指导站"，聘请8位来自湖南、安徽、四川的新市民为"新市民维权联络员"，并通过社区、镇、市三级管理各服务网络协助调解涉及新市民的各类矛盾纠纷。指导站依托镇司法所的行政力量与社区社会力量，引导新市民表达合理诉求，向新市民进行法治宣传，对维护新市民的合法权益提出意见、建议。"新市民维权指导站"作为备案的社会

组织,整合各方社会资源,在政府行政资源的引导下建立多方合作参与机制,综合协调解决外来人口的各类问题。坚持服务与管理"双到位",实行同管理、同教育、同维权、同服务,在基层形成新老市民相互信任、平等相处的良好氛围。

同年,江阴市周庄镇成立了"新市民青少年关爱中心",为全镇 2.4 万余名新市民青少年提供协调就学、就业指导、法律援助等服务。

> 由于地域、习俗、环境和文化差异,存在外来人口的子女在上学时,本地的学生、家长甚至老师不愿意接纳的情况,经常会出现本地学生不愿与外来人口同用一张桌椅、同在一个班级的现象,甚至很多江阴本地的学生跨区择校。长此以往,外来人口子女融入当地会更加艰难,不利于社会稳定,也造成了本地孩子上学成本的递增而给家长带来不便。【访谈记录 20131223SGQ】

关爱中心依托工青妇等传统枢纽型社会组织的力量推行"监督帮扶、引导提升、环境净化"三大行动、"服务对象跟踪考察、定期交流总结"两项制度,落实关爱服务的具体举措。关爱中心及时了解、掌握新市民青少年的生活与思想情况,帮助解决就学就业等实际困难;通过模拟庭审进社区、参观警示教育基地、参与公益活动等,提升他们遵纪守法的意识。同时,发动更多的志愿者加入关爱服务新市民青少年的行列,提高外来人口对本地的认同度,积极构建和谐的本地人与外地人关系。正如列斐伏尔(Henri Lefebvre)所言,一个地方的居民只有清楚地知道自己在什么时候、什么地方越过了"我们"和"他们"的界限才会产生地方感,而地方感与归属感是紧密联系在一起的。① 因此,基于社区资源、公共空间及与此相关的社会关系、社会交往、公共协商和互助互惠也是外地人获得地方感的重要实践。这种实践的探索也是不少城市在农民工社区支持的建构过程中所表现出的共性。

---

① 亨利·列斐伏尔.空间:社会产物与使用价值[M]//包亚明.现代性与空间的生产.王志弘,译.上海:上海教育出版社,2003:47.

第六节　小　结

通过上述个案分析,本研究发现不同类型的社区在新生代农民工城市融入问题上存在差异,但也表现出较为一致的经验与启示。新生代农民工与本地居民(村民)一同作为社区治理和服务的主体,可广泛利用同乡关系、邻里关系来增强新生代农民工的主体参与意识,并通过这种社区关系对他们形成约束力。与已有的社区居委会、村民委员会、工青妇等基层群众组织不同,新型社区社会组织在推进新生代农民工当地融入过程中具有独特优势,并且,多元组织载体和平台的建构也实现了社区支持从垂直的单向管理向扁平的多元联动转变,强调本地人、外地人共同协商和互帮互助。这些经验与不少学者总结的域外经验相一致,即"发展社会组织、帮扶社区发展"①。

一、将新生代农民工的同乡网络纳入社区治理体系

上述案例中不少地区均将建立新型平台作为重要的支持方式,这种平台既包括本地人和外地人之间的协商交流,也包括外地人之间、本地人之间的各种交流。这些平台和活动有利于促进彼此之间的相互理解并将社区逐渐打造成"熟人社会",从而提升协商和融合的效果。尽管与第一代农民工相比,新生代农民工的同乡情结及同乡网络的影响力日渐淡化与式微,但同乡关系仍然是新生代农民工进城后的重要社会支持网络之一。通常情况下,这些关系网络往往以非正式、个体化的方式发挥影响,但通过案例可以发现,当地方政府、社区以正式组织的形式将其整合与吸纳后,这些关系网络亦可获取合法性并致力于加强外地人与本地人、政府之间的联系。②

---

① 周澍,郑晓东,毛丹.国外社会管理的有益经验[J].浙江社会科学,2011(8):68.
② 张珣,杨善华."共识"、"无害"、"主流"下的存在合理性:从同乡会的架构和发展看中国民间组织的生存智慧[J].广东社会科学,2011(1):215.

二、以服务促管理，提升新生代农民工的应有市民待遇

尽管近年来户籍制度改革的力度在不断加大，但城乡二元结构仍然是进城农民工享受应有市民待遇的根本屏障。在上述地方实践中，社区管理和社区服务被有意识地融合在一起，尤其是不少城市提出以"新市民"来称呼农民工，实际上也直接承认了农民工在务工城市所享有的权利范围。具体而言，不少社区在采取一系列管理措施的过程中组织开展公益服务、志愿者服务及其他社会交往活动，依托流动人口管理服务站、公共服务工作站、维权指导站、关爱中心等为他们提供就业指导、房屋租赁、法律咨询、计划生育辅导、权益保障及子女就学等各项服务。

三、创新社区社会组织，架构新生代农民工城市融入的组织通道

传统以户籍为基础的城市管理体制本质是寻求对外地人的有序管理。因此，如前所述，正式的村社组织架构无法为外地人提供通道来获取话语权实现社区参与。多元社区社会组织的成立则为这种参与提供了可能并适度改变了社区组织的内部权力结构。如议事协商组织、和谐促进会等依法注册的社会组织既为外地人的有序参与提供了合法的组织通道，也有利于社区治理由"单向"向"多向"转变。① 与同乡组织相比，这类新型的社区社会组织不会从根本上动摇社区权力结构，因而更易被当地部门、政府组织及社区接受。

---

① 赫莉.多元参与与城乡基层社会治理[J].甘肃社会科学,2013(6):14.

第八章

社区支持模式的约束条件

　　社区支持是针对不同农民工群体建立相应的生活共同体,从而将他们纳入社区自治系统。社区支持模式中的"乡—城"移民不仅仅是管理的对象,更是自治的主体。因此,社区支持模式除了具有社会管理的功能之外,它还提供社区的各项服务、社会保障和组织参与等。然而,在目前的情况下,社区支持模式存在诸多约束性条件,导致它无法有效地发挥应有的正向功能。在现实条件下,存在很多制度因素、社会和个人层面的因素束缚着社区支持模式,本研究主要从激励制度安排、参与主体之间的利益博弈、支持要素的供给能力、社区权责边界,以及社区社会组织和专业社工等方面进行具体的阐释。

第一节　激励制度安排滞后

　　在制度设置方面,目前社区支持模式失能的主要原因是城乡二元分割的户籍制度及其相应的一系列附属制度。近十年来,尽管我国的户籍制度不断趋于松动,但是它仍然是阻碍新生代农民工城市融入的制度瓶颈。随着"乡—城"移民从"盲流"变成"农民工",再成为"新市民",相应的教育、医疗、养老等方面的政策也需要跟进,消除制度隔阂、降低"乡—城"移民的社会生活成本是重要的改革方向。当前很多制度设置都是自下而上倒逼的结果,它更多的是一些补救性的制度和政策,而非全面的、系统性的制度供给,甚至在很多领域仍然存在制度供给的赤字现象。

当然,不少研究农民工的学者已经注意到并指出,在导致新生代农民工城市融入出现困境的诸多因素中制度性因素的作用正在慢慢减弱。尤其是在最近十年来,国家先后颁布了多项政策,从制度上切实保障农民工的权益,并促使其融入城市社会。如2006年,国务院发布《国务院关于解决农民工问题的若干意见》的第三十八项条文中指出:"发挥社区管理服务的重要作用。要建设开放型、多功能的城市社区,构建以社区为依托的农民工服务和管理平台。鼓励农民工参与社区自治,增强作为社区成员的意识,提高自我管理、自我教育和自我服务能力。发挥社区的社会融合功能,促进农民工融入城市生活,与城市居民和谐相处。完善社区公共服务和文化设施,城市公共文化设施要向农民工开放,有条件的企业要设立农民活动场所,开展多种形式的业余文化活动,丰富农民工的精神生活。"①2011年,民政部下发《关于促进农民工融入城市社区的意见》。此后,国务院、民政部等又相继制定并出台了《社区服务体系建设规划(2011—2015年)》(2011年)、《社会工作专业人才队伍建设中长期规划(2011—2020年)》(2012年)、《国务院办公厅关于政府向社会力量购买服务的指导意见》(2013年)、《中国社会服务志愿者队伍建设指导纲要(2013—2020年)》(2013年)、《关于推进志愿服务制度化的意见》(2014年)、《民政部关于进一步加快推进民办社会工作服务机构发展的意见》(2014年)等与农民工城市融入的社区支持密切相关的文件。2014年7月,国务院印发《国务院关于进一步推进户籍制度改革的意见》,旨在建立城乡统一的户口登记制度,进一步完善人口信息管理。也就是说,在农民工城市融入和社区支持的制度层面已经具有充分的政策性依据。但需要指出的是,"制度供给"与"制度激励"是两个不同层面的问题。制度供给仅是提供一种合法性机制,它是社区支持模式的必要前提和基本保障,但它并不能够保证具体的实施或促进政策的

---

① 刘建娥.乡—城移民社会融入的实践策略研究:社区融入的视角[J].社会,2010(1):127.

落地生根。若要让社区支持模式在新生代农民工的城市融入过程中发挥其作用,除了制度供给之外,必须有相应的制度激励。

新生代农民工的城市融入涉及政治、经济、文化、心理等各方面,因此必然是一个长期的、渐进的过程,尤其需要国家和地方政府提供稳定的、可持续的制度支持,与此同时,也需要针对不同的主体建立差别性的激励机制。

缺乏有力的制度性激励机制及其相应的顶层推进思路是现阶段社区支持模式失能的重要原因,激励制度安排滞后主要表现在以下三个方面。

一、利益激励滞后

尽管制度和政策层面已经出台了一系列推进农民工城市融入的社区文化、教育、娱乐等方面的服务措施,但户籍制度仍是市民享受社区服务资源的重要制度前提,尤其是附于户籍之上的带有排他性质的社区福利和公共服务。现行的财政体制使当前的户籍制度改革因缺乏利益激励而进展缓慢。

二、目标激励错位

各级地方政府大多把安全和稳定作为基层社会治理的主要目标,农民工的大量流入尤其是新生代农民工的"乡—城"迁移趋势对地方政府而言意味着潜在的管理风险,而社区是基层社会治理的重心与基础。由此,地方政府在农民工城市融入的社区支持模式推动上往往激励不足,因其治理目标与构建开放、包容的制度导向明显错位。

三、规模激励消失

在经济增长、城市扩张阶段,市场对农民工劳动力的需求极其旺盛,低成本劳动力的规模效益即转化为城市经济发展动力。但随着人口红利期的结束,规模激励也随即消失,吸纳农民工城市融入对地方经济发展的促进作用非常有限。随着不少大中城市经济转型升级的加速,地方政府纷纷对农民工集中居住的城中村、城郊村进行空间改造以实现"腾笼换鸟"的政策目标。

第二节　参与主体之间的利益博弈失衡

如前所述,新生代农民工的城市融入需要付出各种经济成本、政治成本、社会成本和文化成本,并做出相应的政策调整,这必然牵涉既得利益者,很多决策者和参与者缺乏激励改变现状或扶持推进农民工融入的社区建设。与此同时,通常生活在城乡接合部或"都市的角落里"的新生代农民工尽管具有定居城市的意愿,但是由于各方面原因,他们仍然存在较强的社会流动性,短期换工频繁是他们的重要特征之一。在这种情况下,在地理上相对固定的社区如何应对流动的群体并协调各种利益关系成为一个重要问题。

一、从国家(政府)、市场和社会博弈来看

户籍制度不仅仅造成了城乡二元分割,而且进一步促成国家权力对社会的全方位控制,形塑出了中国独特的国家与社会结构关系。"城乡二元户籍制度、中央地方财税制度及属地化的管理模式,导致了地区利益的分化,使流入地城市难以甚至不愿推行能够包容外来农民工的社会制度和政策。"①新生代农民工城市融入的社区支持模式涉及不同的参与主体。这些主体之间存在不同的利益和旨趣,必然导致利益冲突,而这种冲突不仅出现在"乡—城"移民的流入地与流出地之间,也出现在城乡社区。例如,地方政府通常是从全局出发,它优先考虑的是整体性的利益,寻求社会价值、集体利益的最大化,在这种情况下它往往会忽略作为农民工个体的实际需求和市场的利益。而市场通常是以纯粹的经济指标为导向,它寻求的是经济效益的最大化,往往不顾及长远的社会效益。从当前农民工聚居的长三角、珠三角等发达地区来看,市场的逐利性和竞争程度比其他地区更强、更高,政府也往往注重经济导向的城市发展定位。作为非本地户籍人口的农民工,在利益博弈中极易成为被忽略或主动

---

① 熊贵彬.国家权力与社会结构视野下的农民工城市化[M].北京:中国社会出版社,2009:1.

排除的对象。

二、从基层体制中的主体关系来看

"十二五"期间,中国诸多城市都投入大规模经费,用以改善社区基础设施和条件,通过新建、改扩建、购置、合并调整等方式,纷纷建立起了社区、街道和区(市)分工协作的社区管理和服务体制。截止到 2013 年年底,全国各类社区服务机构共计约 25.2 万个,其中社区服务中心 1.9 万个,社区服务站 10.8 万个,养老等社区服务机构 12.4 万个,城镇便民、利民服务网点 35.9 万个,社区志愿服务组织12.8万个。① 中国城市基层社会治理基本形成了"两级政府、三级管理、四级网络"的垂直体系。在整个基层体制中,街道办事处的工作涉及政治、经济、社会、生态、文化等方方面面,尤其是承担主要的招商引资、财税增长等经济发展任务,而在属地城市管理中的基础地位、统筹职能和保障作用未完全明确。同时,凭借街道对社区人、财、物的控制(如社工到街道挂职、控制经费拨付和奖金发放、街道对社区创新创优的考核),将政府职能延伸到社区,严重影响社区自治功能的发挥。因此,新生代农民工聚居的第一场域——社区较少有自主行动能力。在调研中,本研究也发现诸多地方实践的主要推手是街道和部门,而社区处于配合角色,或者是离开了上级部门和层级的支持,社区支持无力自主运转。

三、从新生代农民工群体分化来看

原子化的群体特征也增加了社区支持功能发挥的难度,作为个体的新生代农民工,他们通常寻求的是个体利益的最大化。在日益个体化、市场化的现代社会里,新生代农民工内部也日益趋于原子化状态,农民工群体之间、农民工与当地市民之间缺乏沟通与理解,这进一步导致"乡—城"移民产生"私我"的心理。因此,这些不同的利益主体之间存在很多冲突和内耗,其结果是社区

---

① 民政部. 2013 年社会服务发展统计公报[EB/OL]. (2014-06-20)[2014-10-15]. http:// www. mca. gov. cn/article/zwgk/mzyw/201406/20140600654488. shtml.

支持模式失灵。

第三节 支持要素的供给能力不足

本研究在关于新生代农民工城市融入支持模式的论证部分探讨了"社区支持"的内涵，认为它是一种多主体的融合共治行为。在实地调研中也发现，它涉及的主体包括农民工自身、基层社区、地方政府及市场等，是一种开放性的、包容的、多主体的自治。单一的支持模式在农民工城市融入过程中各具利弊。因此，社区支持模式其实是一种综合性的支持模式，它既不是完全交与政府或市场，也不是完全推给农民工。从地方政府来看，在目前的情况下，新生代农民工的市民化成本过于高昂，政府不可能完全为之"埋单"。市场从资本收益最大化的立场出发，很难从农民工群体的底端市场中获得充足的利润，因此也不会充分而持续地提供支持。而从新生代农民工主体来看，该群体的整体素质仍然具有很大的提升空间。新生代农民工的社会资本较弱，这里说的"社会资本"是各种实际或潜在制度化资源和社会关系的集合。[①] 尽管新生代农民工群体的社会交往情况比第一代农民工群体有所改善，但是他们仍然与家庭、亲属等初级群体保持着紧密的联系，尤其是他们的同辈群体。因此，他们的社会交往圈的同质性较强，而社会资本的质量相对较低。对于大多数新生代农民工来说，他们的惯习是在"乡村场域"中形成的，是一种"乡村惯习"，但是，他们现在却处于"城市场域"中，时时刻刻对他们施加影响的往往是"城市惯习"。[②] 这就使得新生代农民工城市融入的社区支持模式存在很大的问题。当然，随着新生代农民工在城市居留时间的增加，他们的非正式交往的网络关系水平及其影响会逐渐降低。但是，隔离的居住模式也可能进一步导致个体的自我疏离，进而使个体产生边缘人心理。农民工的社会交往成为一种

---

① 李树苗，杜海峰，杨绪松，等.农民工的社会支持网络[M].北京：社会科学文献出版社，2008：8.

② 关于"惯习"和"场域"的论述，本文主要参照：皮埃尔·布迪厄，华康德.实践与反思：反思社会学导引[M].李猛，译.北京：中央编译出版社，1998：175.

"没有互动的共存"。[①]　新生代农民工个体、社区、地方政府及市场等支持要素的供给能力不足阻碍了社区支持模式在新生代农民工城市融入的过程中发挥它应有的作用。

一、供给方社区的不足

虽然社区一直在促进新生代农民工的城市融入,但是社区支持模式的很多做法并没有得到新生代农民工的积极回应,具体表现在以下几个方面。

第一,社区的配套设施、服务、组织等支持要素供给过程中未充分发挥新生代农民工的主体性。社区支持的很多做法都是一厢情愿式的,更多的还是以"城市惯习"的方式被动地对新生代农民工给予关照。未充分考虑新生代农民工的主体意愿和需求,使得供给对接不足,从而影响了社区支持的效能。

第二,社区支持的供给内容、方式知晓度低。从统计分析来看,第一代农民工的社区支持现状总体好于新生代农民工,这与供给的知晓度不无联系。

第三,社区支持的实施绩效仍停留在"量的落实"而不关注"质的提升"。在制度和政策的落实过程中,上级政府或部门主要考核覆盖率和完成量,而忽略了新生代农民工的满意度。

二、需求方农民工的不足

从需求的角度来说,新生代农民工内化的"乡村惯习"在"城市场域"中还需要进一步转化和适应。人际关系的"内卷化"使新生代农民工的社区交往半径较短,诉求渠道的"内卷化"导致其信任度缺失,日常活动的"内卷化"使其社区参与意识淡薄,身份认同的"内卷化"使其自我定位模糊。[②]　这些因素都直接或间接地限制了新生代农民工在社区融入过程中的自我供给能力。作为社区支持模式的重要参与主体,新生代农民工自身的这种属性和特征变化也深

[①]　关信平,刘建娥.我国农民工社区融入的问题与政策研究[J].人口与经济,2009(3):1.
[②]　肖云,邓睿.新生代农民工城市社区融入困境分析[J].华南农业大学学报(社会科学版),2015(1):36.

刻地影响到社区支持模式的正常运作。当前,社区对新生代农民工的推力大于拉力,而其同质性群体的拉力大于推力,从而使新生代农民工的社区融入成为虚化的"推拉"过程,他们被限制在同质性群体中不断地"内卷化"。

三、要素间缺乏联动

新生代农民工个体、自组织、公共部门及市场等支持要素之间无法充分进行资源整合与互补,从而限制了各支持要素在社区融入过程中的系统供给能力。在由国家全方位的控制型管理逐渐转变成社区多主体自治的过程中,治理的主体呈现多元特征从而使得供给方式也突破了单一化的局限。社区支持作为开放多元的自治体系,尽管吸纳了政府、市场、社区组织及不同群体的多元参与,但联动能力有限,尤其是行政机制、社会机制、市场机制之间由于激励不足、目标价值不一而尚未形成合力,严重制约了社区支持的综合功能。

第四节　社区权责边界不清

在"强政府、弱社会"的背景下,制度供给中的不同正式主体为了最大限度地降低行动风险都在自上而下寻找末梢载体。当前,社区已经成为基层社会治理和公共服务的主要输出口,使得社区自治不断被行政机制和行政手段"内卷化",社会力量和社会机制的力量相对弱小,赋权空间受限。由于缺乏制度性的激励和自治赋权措施,建立农民工融入型社区成为"吃力不讨好"的事情,权责边界不清和权责不对等最终使地方实践流于形式而缺乏可持续的实际功能。

一、权责边界不清

从纵向体制的权责边界来看,"目标管理责任制"的管理体制使得社区倾向将农民工视作管理的客体。自20世纪80年代中期以来,我国地方党政工作中兴起了"目标管理责任制"的制度形式。制度的实质是上级党政组织将行政总目标逐层分解细化,形成指标考核体系,并以此作为对各级组织进行管理、考核的基本依据,通常还以书面的"责任状"自上而下依次签订。① 从管理学的角度分析,目标管理责任制通过目标分解和量化,将不同行政等级的责任主体连接起来。同时,区别于一般科层制,它基于责任传递的同时也将利益连带纳入。在目标和指标下达过程中,上级政府往往还会施加"一票否决"的压力,从而真正将基层(在城市,主要指街道和社区)捆绑为"一荣俱荣、一损俱损"的利益共同体。尽管国家对"乡—城"移民的政策有所改变,媒体和市民对农民工的认知态度也有所改善,心理歧视、社会排斥的现象有所减少,但基层政府在社区管理的问题上采取的很多措施仍视新生代农民工为管理的对象,而不是自治的主体,并且缺乏有效互动的渠道,使他们无法真正平等地参与社区治理。大致而言,现阶段对新生代农民工主要采取以秩序维护、综合管理和平安建设为主要目标的管理。这种"社区支持"其实是一种"社区化管理",从根本上而言,它是近年来各个地方政府推行"网格化管理"的重要构成部分。由于缺乏开放的、互动的和参与性的决策过程,新生代农民工其实并没有真正参与很多和农民工息息相关的服务行动,并且普遍存在社区选举缺乏代表、社区活动参与不足、缺乏该群体可及的专业化服务、缺乏社区认同感与归属感等问题,这种状况进而影响相关政策的后续实施和推进。但随着社会的进步和新生代农民工主体意识的觉醒,"乡—城"移民视野下的新生代农民工不应该继续被视为社会治理的客体,他们更应成为城市基层自治的重要参与者和主体。②

二、缺乏联动机制

从横向的协同和整合能力来看,社区层面缺乏联动机制使得农民工城市融入无法系统推进。

第一,目前准入社区的农民工服务管理内容涵盖就业、社保、教育、民政、卫生、综治维稳、法律、信访等十多个部门和条线,但由于社区内部的各责任主

---

① 王汉生,王一鸽. 目标管理责任制:农村基层政权的实践逻辑[J]. 社会学研究,2009(2):61.
② 刘建娥. 中国乡—城移民的城市社会融入[M]. 北京:社会科学文献出版社,2011:166-169.

体及归口部门往往仅通过条线将管理和服务的工作及其考核下放至社区,一旦碰到需要部门联动的事件和工作,社区并没有能力协调或整合部门的人力、物力和财力。作为社区的归口部门,民政系统也缺乏统筹和整合部门的权力与能力,最终使得农民工的管理和服务工作在社区层面呈现"一地鸡毛"的散乱状态。所谓的治理创新项目也有重复建设之嫌,而关键性的需求或难度较高的改革则盲点重重,社区干部及社工更无暇推动农民工参与社区自治。

第二,农民工社区层面的信息及服务网络一体化建设不足,尤其是跨城乡、跨社区的综合服务和信息共享平台缺失,导致农民工社区服务和治理的精准化、智慧化程度不高。新生代农民工与第一代农民工相比,网络素养及信息接受能力都大为提高,互联网时代也为需求导向、精准供给的社区智能服务和治理提供了契机,社区不仅是部门及其他主体任务的发布者、执行者,也应成为集信息共建、共享于一体的连接平台。

第五节　社区社会组织和专业社工缺失

社会组织的发育状况不仅是衡量一个国家和社会自由发达程度的指标,也是维护公民权利和社会发展的客观需要。发达国家的经验显示,只有大量的专业社会组织参与到公共服务和社会管理实务中,才能有效弥补"市场失灵"和"政府失灵",形成政府与社会共治结构,从而推动政府从传统型向现代公共服务型转变。[1] 在影响现阶段社区支持模式功能发挥的各种约束性条件中,还有一个因素是社区社会组织的缺乏,社会组织未能在社区事务的管理中充分发挥组织和疏导作用,也无法调动农民工参与社区长效管理的积极性。钱正武指出,农村流动人口国民待遇的缺失与他们缺乏组织化,以及相应的意见得不到合理表达关系密切。[2] 新生代农民工对影响自身的各项政策、措施、

---

① 文军.中国社会组织发展的角色困境及其出路[J].江苏行政学院学报,2012(1):57.
② 钱正武.农民工的阶级属性及其向工人阶级的转化[J].科学社会主义,2006(1):29.

服务和活动等并没有真正的参与权和决策权,他们的参与仅仅表明其形式上的在场。与此同时,又缺乏社区支持的机制建设,新生代农民工的代表在面对社区机构时,往往感到很陌生和被孤立,因而无法真正地参与社区管理。在现有模式下,不同服务机构之间的合作也存在诸多困难,它们对新生代农民工的城市融入无法产生持久的促进作用。

一、缺乏主动性

目前,社区支持机构的实践与理念仍需要纠正,基层社区往往消极地等待来自上级的指示和政策,而缺乏主动的自我探索精神。很多社区服务机构通常是自上而下建立的,官方色彩过于浓厚,这些机构的设立在本质上仍然遵循着社会管控的思维逻辑,而不是本研究提倡的社区自治。因此,社区与新生代农民工群体之间尚未形成良好的互动平台,很多社区机构形同虚设,而未能发挥其应有的作用。农民工社区开展的很多社会活动缺乏针对性,导致新生代农民工的参与度较低。同时,很多人都不知道有社区组织的相关活动,或者没有充足的时间参与。在这种情况下,新生代农民工很容易将与"乡—城"移民有关的"活动"和"服务"看作基层政府机构为了"政绩"而刻意为之的表面功夫,因而无法产生作为自治主体的参与意识和社区奉献精神。

二、缺乏专业组织和人才

社区支持模式还需要专业的社会工作人员介入,为新生代农民工群体提供具有针对性的服务活动。专业社会工作者的介入,有助于开展多元化的行动,更有效地提供服务与资源,提升农民工的自身素质和组织能力,也改变农民工的城市认知态度。[①] 国外移民融入的经验表明,专业的社会工作及社会工作者有助于对政府、企业和社区的多方力量进行整合以达到社会融合的效果。但当前,除了北京、上海、广州和深圳等一线发达城市外,专业社会组织和

---

① 刘庆.新生代农民工的城市融入策略初探:社区工作介入的空间[J].北京青年政治学院学报,2011(1):65.

专业社工介入新生代农民工城市融入的力量都较为薄弱,机构和人才的数量与实际需求极不匹配。

三、缺乏专业方法

社区服务仍以传统的民政及救济手段为主,专业化、个性化、多元化的介入模式和工作方法明显不足。个案、小组和社区工作方法是专业社会工作采用的主要手段和方法,但在实践中,社工往往采用行政方式,辅以少量个案法的补充,小组和社区的工作方法在新生代农民工社区服务和其他需求满足中运用得极少。事实上,小组和社区的工作方法更有助于推进社会资源的集中利用,更有利于达到助人自助的可持续发展效果。

第九章

社区支持模式的系统架构

如前所述,理想的社区支持模式应从制度保障、参与主体、组织体系、运行机制和队伍建设等维度进行综合架构。国家和政府的行政保障(专项经费投入、法律制度及社区规划制度等)和多元参与主体的通力合作是社区支持系统有效运转的基本前提。同时,社区内部专业化、民主化、人性化的管理体制和服务机制是社区支持系统持续优化的内在动力。

第一节 制度保障

为了更好地建构新生代农民工城市融入的社区支持模式,必须强化制度保障和制度的顶层设计工作,具体包括以下三个方面。

一、确立社区支持系统中"协同组织者"的政府定位

长期以来,农民工城市融入的主要推动者是政府,但政府主导的行政推动效果有限。就社会治理和服务的整体发展趋向而言,党的十八大以来,社区建设与治理越来越朝着党领导下的混合型社区治理方向推进。即,在"党委领导、政府负责、社会协同、公众参与、法治保障"的社会治理体制框架下,清晰界定政府、市场、社会、社区和居民的地位和角色,充分利用政府机制、社会机制

和市场机制,特别是突出发挥社会机制的作用,协同政府、市场、社会三类资源和力量,共建管理有序、服务完善、文明祥和的社区共同体或住地共同体。其基本内涵包括以下四点。

第一,党和政府的倡导与推动依然是新生代农民工社区支持系统强力运转的"发动机",但是党和政府领导社区支持的模式、方式方法需要适时改革。

第二,在发展方向上要从政府主导治理发展为"混合型治理",强调党政力量与社区力量的有机衔接,既保证党政在基层社会的影响力,又激发社会和社区自身的活力。

第三,在机制上要强调政府机制、市场机制和社会机制的互动配合,强调社区融合的整体性治理。

第四,在发展目标上要突出新生代农民工在城市中的获得感、幸福感。

只有构建完善的制度保障体系,新生代农民工城市融入的社区支持模式才有可能充分发挥其作用。在财政投入、法律法规、社区规划等制度供给过程中,政府要从"管控主导者"转变为"协同组织者",将基层治理和服务的权能下放给社区组织、社会组织、社区社会组织、市场及各类居民等参与主体,增加和提升它们的权力与行动能力。在此基础上建立和完善政府与社区中各类组织的沟通、协商与合作共治机制,推动社区融合中的政府机制、市场机制和社会机制的复合联动与有机整合。政府定位的转变也是社区支持从"纵向管理"工具转变为"横向整合"系统的前提和基础。

二、建立"社会权利"导向的社区服务支持制度

地方政府和社区在为农民工提供服务的过程中,往往是从"社会问题"的导向出发,如生计、贫困、失业、犯罪等。但随着经济社会的转型,不少城市的地方政府也在积极探寻改革之路,特别是在城市街道体制改革过程中,提出要把政府的"经济绩效"转化为"服务绩效",如上海、南京等城市在2014—2015年的基层社会治理体制改革文件中均指出,要取消或淡化街道作为经济发展、招商引资、财税增长中的主体责任,将其功能定位转向统筹城市管理、指导社

区建设、组织公共服务、创新社会管理和维护和谐稳定等方面,从而强化了街道在协调、统筹和对接社会治理与服务中的责任意识和中心地位。社区服务的目的是赋予和保障居民的社会权利,从而使其有能力进入社会积极追求幸福生活,其针对的对象是全体居民。为了保障"社会权利"导向的社区服务支持系统建成,政府在体制改革、组织管理、生产程序、财政投入、供给方式等制度设置上都应将社区服务纳入公共事业,并作为国家重要的社会政策和社会制度组成部分。社区服务支持的发展理念变革,一方面是回应新生代农民工日益增长而现实缺失的社会权利保障需求,另一方面也是共建共享社会发展成果的公平体现。城市融入不仅是个别保障政策和服务制度在量上的增长,更应当体现在"质的社会融入"方面。通过这种服务理念和价值导向的引领,新生代农民工扩展了城市社会支持网络和社会资本网络,使处于弱势、边缘状态的部分群体有机会、有信心融入社会。同时,参与式的服务制度供给(如新生代农民工参与的志愿组织、公益组织)也有助于提升新生代农民工的社会参与度和城市适应能力,培育其城市主人翁意识。

三、强化"前置型"社区配套支持和规划制度

当前,不少城市的城区已经处于严重的"人口倒挂"状态,像杭州这样长期以来深受农民工欢迎的省会城市也持续吸引了大量新生代农民工的加入。随着户籍制度改革的深化和城乡一体化的推进,政府在土地规划、城市规划和社区规划(包括城中村、城乡接合部的农村改造)过程中应及时吸纳教育、卫生、民政、人力和社会保障等部门参与讨论,并吸收管理学、社会学、人口学和教育学等相关领域的专家学者对配套规划和设施建设进行充分的调研、论证和优化。"前置型"的社区规划和配套设施有助于改善新生代农民工聚居后社区治理和服务的困境。本研究的分析结果表明:社区配套医院对提升新生代农民工城市认同感和改善新生代农民工精神状况的作用都是非常明显的。因此,务必充分认识到社区医院等基础设施配套对新生代农民工城市融入的重要性,从制度前置设计的角度推进社区基础设施的配套工作和规划建设,如便民

服务市场设置、社区养老照料中心的投入、社区服务站设点、社区幼儿园的开办等均应考虑当地新生代农民工的规模、群体特质和需求差异,从而提升与增强新生代农民工社区满意度和归属感。

第二节　参与主体

从广义上来说,社区参与指政府、市场、社会组织及其他组织和力量介入社区发展的过程、手段和方式。社区参与也应包括居住其中的新生代农民工参加社区发展计划、项目等各类公共或公益活动的过程。要使社区更好地促进新生代农民工的城市融入,仅仅依靠单一主体是难以实现的。社区支持系统的有效运转需要政府、社区、企业和第三部门等主体的通力合作。从社区支持模式中涉及的多元参与主体出发,本研究认为各参与主体应尽到各自的责任。

一、明确街道在新生代农民工城市融入中的统筹职责

如前所述,地方政府的治理理念转变是社区支持系统真正发挥横向整合功能的前提。但从参与主体的分工和权限来看,社区难以承担属地化治理和服务中的统筹职能。同时,本研究在广州、上海和江苏的调研中也进一步发现,街道是社区支持系统自下而上面临的第一个正式组织环节,因此,很多社区支持的探索首先从街道汲取资源和合力。当前,在新生代农民工城市融入的社区支持上,政府各个部门之间存在着职责界定不清晰、职责相互重叠、职责处于真空状态等问题,从而产生了互相推诿、交叉管理等管理上的混乱现象,严重影响新生代农民工城市融入的顺利推进。因此,必须理顺政府各部门之间的关系,明确界定各部门管理新生代农民工城市融入的职责范围,并在街道层面进行部门联动和行政资源的统筹协作。作为基层属地化治理中的重要协调和统筹主体,街道应当围绕新生代农民工城市融入的民生热点和公共生活问题,创新投入方式,发挥统筹资源的协调职责,撬动辖区内社会资本积极参与新生代农民工的城市融入和社区服务供给。可将现有的市级流动人口管

理与服务办公室和区级流动人口管理中心规范化,并直达街道一级设立垂直下属机构。出于设立成本和规模效应的综合考虑,强化街道一级农民工综合管理和服务中心的实体运作,可通过管理与服务相结合的整合体系设置为农民工提供"一站式"服务。街道层面的管理和服务中心承担劳动、公安、计生、民政、司法等各职能部门社会管理和公共服务职责,并自行予以资源整合和统筹配置,在保证完成任务的前提下进行归类和分类服务。同时,街道中心承接目前仍收归于市、区两级的农民工社会管理和公共服务资源及职能,并进一步延伸到农民工数量较多、居住密度较大的社区,在社区层面为农民工打造"零距离服务点"(见图 9-1)。这一管理和服务架构既保障了行政资源和政府公共服务供给在街道层面的统一调度和调配,也直接和社区相连实现政府—社会的衔接以及时回应新生代农民工的公共问题和社会服务需求。此外,在各级流动人口管理服务常设机构中,应重点在街道和社区层面,按比例配备新生代农民工身份的党组织成员、管理干部和志愿者,赋予他们表达意愿、行使民主管理的权力。这样既能够更好地根据新生代农民工的需求偏好提供与之匹配的公共服务,也在一定程度上体现和保障了新生代农民工的政治参与权。

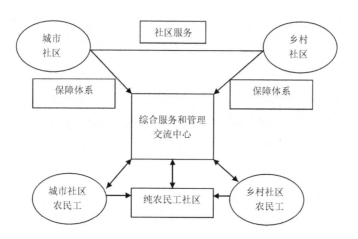

图 9-1 街道流动人口综合服务和管理平台模式

二、按社区类型构建分类支持模式

新生代农民工的城市融入对政府而言是一个高度同质化的议题,但到社区层面,本研究发现,由于新生代农民工聚居社区类型的差异化而导致"大一统"的宏观政策在微观组织层面难以发挥切实的作用。这也是学者所提出的非正式制度因素比正式制度因素更严重阻碍新生代农民工城市融入的缘由之一。对于不同类型的社区来说,其所能动员的资源和面临的制度瓶颈存在很大差异。

因此,本研究提出按社区类型的不同建构不同的社区支持模式,即根据社区的类型特征、资源禀赋和制度环境有所选择、有所侧重地探索本社区新生代农民工的城市融入路径。在城市社区,应将支持的重点放在异质社会状态下社区公共服务和配套设施的完善上,强调为新生代农民工的城市居住和生产发展提供便捷的服务资源及公平机会。围绕新生代农民工的兴趣爱好及社会交往特征组织开展多样化的社区文化交流和培训活动,增进新生代农民工对城市社区的认识,加快他们对城市健康生活理念和生活方式的适应与融入。通过社区邻里节、运动会、联谊会等睦邻活动促进新老居民之间的情感交流和生活交融,加快新生代农民工城市融入的步伐。在农村社区,应不囿于村籍和土地关系重构新型社区参与和协商平台,切实为化解新生代农民工与本地人之间的社会矛盾与利益纠纷提供合法而有效的制度载体。同时,加快农村社区基本配套及服务设施的完善,引导专业社工及社会组织介入农村社区服务项目,提高农村社区支持新生代农民工当地融入的社会化和专业化水平。在撤村建居社区,由于社区体制要素复杂且社区生态呈"非城非乡、亦城亦乡"的杂糅性,因此建议这类社区结合上述两种类型因地制宜,根据社区基础来兼顾公共设施、社区服务和新型协商载体的搭建。将撤村建居社区的城市化、当地农民的市民化和外来新生代农民工的本地化紧密结合,完善以社区服务站为载体的社区综合服务管理能力。尤其要加快社区自治组织与社区集体经济组织"经社"分离的步伐,为新生代农民工积极参与社会活动提供组织保障。纯农民工聚居的社区,如前文所述的邻里社区和力邦社区,则应加强政府、市场和社会的协同性,为这类社区的可持续发展提供经济和社会基础,并实现社区自治功能的发挥,为新生代农民工的市民化提供训练。针对聚居在纯农民工社区的新生代农民工"准产业工人化"的职业特征,地方政府应积极搭建企业与社区的共建共享平台,推动新生代农民工在城市安居乐业。

三、拓展融合型社会组织的支持功能

社区和社会组织是"社会"的基本要素。要释放社会活力,推动新生代农民工的社区自治能力,必须进一步发展融合型社会组织。融合型社会组织是近年来随着农民工城市融入的推进、地方政府对这类组织探索增多而引起学界高度关注的新型社会组织。尤其是随着社区社会组织备案制的推广,社区融合型社会组织合法化的准入门槛降低,从而推动了一批地方型社区融合组织的集中出现,嘉善、慈溪、海珠及杭州等地均有类似的案例。但总体来看,这些融合型社会组织的总体发展思路仍拘泥于"以外管外"的管理取向,相对缺乏社会组织的公益、服务及协商功能。因此,拓展社区融合型社会组织的支持功能显得尤为迫切。积极培育和提升社区融合型社会组织的自我行动能力和民主协商能力,协助新生代农民工发现真正具有切身性、公共性从而能真正引起社区居民的关切和自发参与的问题,在对切身相关的社区公共事务参与中培育作为城市准市民的公共精神和协商能力。

本研究提出五点建议。第一,通过融合型社会组织的平台建立多元主体协商共治制度,尤其是针对利益相关群体的协商谈判制度,确保社会治理及其他相关服务过程中议事协商、决策分析和制度设置的科学化。第二,以协商共治为组织目标完善融合型社会组织的会员制度,吸纳新老社区居民平等参与,提升组织成员的公共协商能力。第三,完善协商流程和协商规范,在充分发扬民主的基础上形成公共决策,推动社区融合。第四,拓展融合型社会组织的服务和分支机构,在社区乃至街道层面推广信息平台和联动载体,保障新生代农民工在内的社区居民的知情权、参与权、监督权和决策权。第五,强化融合型

社会组织的公益性,构建新老居民之间、社区之间、政社企之间的大融合机制,形成融合型社会组织的资源聚合力,激发组织成员权责意识,并通过共建共享实现社会融合的整体目标。

四、发挥市场主体在社区支持系统中的积极作用

针对当前新生代农民工聚居社区内生力量发育不足的问题,建议发挥企业等市场主体在社区支持系统中的积极作用和功能,使社区服务及经费来源更为高效、多元。通过市场机制建立促进新生代农民工城市融入的社区服务发展中心,将就业服务、便民服务及其他民生服务中心与企业对接,推动农民工劳动密集型企业及其他相关行业的企业树立市民意识,从而承担起更多的社区责任。政府以减税或免税的方式鼓励企业以直接参与、赞助、设立慈善基金及创设社区公益基金等方式支持新生代农民工城市融入的社区服务项目。同时,探索改制社区社会企业的培育和发展机制。当前,在城中村、城乡接合部的撤村建居社区中,市场供给激励不足、社区供给严重缺失导致非正规经济和社区贸易的大量兴起,带来各种风险隐患。因此,建议通过社区企业发展基金、社区便民服务中心、社区小型贸易机构等灵活的组织方式及供给方法满足新生代农民工群体的生产生活需求。此外,创新和完善社区融合领域的公益招投标、公益创投等购买服务方式,并逐步探索社会企业的引入和合作方式,积极助推社区支持系统的完善。

五、保障与增进新生代农民工的社会权利和社区公共责任感

新生代农民工在城市中的"社会权利弱地位"与"社区责任低承担"是相互对应的。从本研究的统计分析来看,新生代农民工掌握的权利和资源越多,社区参与的积极性也越高。新生代农民工的社区参与、社区归属感与其进一步整合与利用社区资源的能力这三者之间紧密关联。要提高新生代农民工社区参与的积极性,首先要保障他们社区参与的权利主体地位。如社区的管理服务中给新生代农民工话语平台,社区邀请新生代农民工中的精英人士为社区

的管理和服务出谋划策、建言献策。同时，根据权利与责任一致的原则，让新生代农民工与其他城市居民共同承担社区发展的责任和义务。

分析结果表明：提高社区成员之间的熟悉度对促进新生代农民工与本地人的社会交往、改善新生代农民工的精神状况是很有帮助的；改善社区当地居民态度对促进新生代农民工与本地人的社会交往、增强新生代农民工的城市认同、改善新生代农民工的精神状况都是很有作用的；降低社区的社会排斥感对提升增强新生代农民工的城市认同是很有帮助的；提升社区认同感对提升新生代农民工就业的稳定性、促进新生代农民工与本地人的社会交往、增强新生代农民工的城市认同是有帮助的；增强社区和谐性对促进新生代农民工与本地人的社会交往是非常有帮助的。

因此，建议从提高社区居民熟悉度、改善社区当地居民态度、降低社区的社会排斥感、提升社区认同感、增强社区和谐性等几个方面着手，为新生代农民工的城市融入提供强有力的社区关系支持。第一，通过社区治理与服务"微工程"的打造培育新生代农民工社区家园意识。尤其要充分发挥和利用本地和流动党员、社区志愿者队伍、社区社会组织的共建力量。鼓励和扶持社区社会组织发展，设立专向扶持基金支持社区小微公益项目的发展。以移动互联网技术为基础，以微信平台为依托，建造智能治理服务平台。第二，不断强化日常生活中的社区居民公共责任。在社区自治和居民议事中明确市民规则和义务，尤其强化居民在日常交往、公共生活、环境整治等事项中的责任意识和规则意识。

第三节　社区组织体系

社区内部推进新生代农民工城市融入的组织主要包括社区党组织、社区居委会、社区工作站、居民代表大会、议事会、志愿者服务队、社区工会、社区社会组织、社区学院等。这些社区组织在推进新生代农民工城市融入方面拥有政府职能部门所不具备的优势，是不可或缺的重要力量。对新生代农民工而言,汲取社区资源是其获取社会资源、发展社会能力的前提条件之一。为了发挥社区组织支持的资源合力,首要的是将组织体系整合起来从而形成强大的社区链合系统。① 而这种链合不仅发生在流入地城市的社区内部,也发生在新生代农民工流入与流出的城乡社区之间。

一、搭建"大社区"主义的社区组织支持架构

社区组织的多元化为新生代农民工的城市融入提供了一定的社会组织基础,但由于整合度不高,造成社区组织支持整体功能提升不明显,甚至带来组织成本高、资源浪费的问题。"大社区"主义的理念架构源自新城市主义社区设计方法,强调摒弃组织分化、功能分区、资源利用不集中的传统社区发展模式,通过空间、功能和组织的重塑提高资源的利用率,降低组织成本,提升社区的链合效应。② 本研究建议,依照科学架构、集中服务、统筹资源、整合力量的原则,积极推进大社区组织架构建设,具体可从社区党组织同心圆化、社区公共服务片区化、居民自治属地化三个层面搭建社区组织支持架构。

第一,以社区或居民小区党委为基石组建大社区党委,负责区域化党建和"两新"组织党建、社区和居民区党建工作。搭建大社区党组织同心圆网络平台,提高大社区党组织整合、统筹、协调社区资源的能力,推进新生代农民工流动党员共建共治和居民自治。通过"党委领导支部、流动党员融入团队、团队凝聚群众"的工作模式,加强对新生代农民工群众的服务和引领。

第二,按照精简高效、科学合理原则,依据大社区区域面积、新生代农民工人口数量、管理幅度、服务半径等要素,确定片区公共服务站流动人口协管队伍规模及人员结构。

第三,推进城市社区居民自治属地化。按照居民小区层面成立居民小组、社区层面成立居民代表大会、大社区层面成立居委会的方式组建大社区居民

① C.格鲁特尔特,T.范·贝斯特纳尔.社会在资本发展中的作用[M].黄载曦,等译.成都:西南财经大学出版社,2004:5.

② 靳润成,张俊芳,刘君德.新城市主义社区规划与设计的几大法则[J].经济地理,2004(3):299.

自治组织架构。由于民政部等已经出台了流动人口参与社区居委会选举的相关规定及条件,因此鼓励依法选举新生代农民工担任居民委员会成员,发挥新生代农民工骨干的作用,让更多有热心、有精力的新生代农民工骨干勇挑大梁。

二、推广社会组织服务平台模式集成社区服务支持系统

在创新城市基层社会治理模式的过程中,社会组织服务平台的探索和培育引起了政府、学界和第三部门的高度关注。社会组织服务平台,是指独立于政府和企业,致力于调动资源和信息,培养社会组织及其成员的能力从而提升社会组织公共服务和社会治理能力的民间组织。[①] 社区社会组织在新生代农民工城市融入过程中的重要性日益凸显且功能各异。分析结果表明:社区建立农民工组织对新生代农民工就业的稳定和增强其城市认同感都是非常有帮助的;建立社区的工会组织对促进新生代农民工与本地人的社会交往有非常明显的作用。因此,各地也在积极推进社区社会组织的培育,特别是社区农民工组织和工会组织的创新已经成为不少地方探索的重点内容。因此,本研究建议从社区社会组织联动的角度出发,以社区社会组织服务中心为载体,以"政府扶持、社会承接、专业支撑、项目运作"为机制搭建新生代农民工的社区服务支持架构。重点扶持能够提供专业化、社会化、差异化、精细化服务的社区服务类社会组织的发展。对以便民利民为宗旨、面向街道和社区、为满足居民生活需求、促进社区发展的社会组织,实行直接登记成立及相关配套政策的改革。探索社工管理体制创新,全面整合所有业务条线专职社工,组成专业的服务型社会组织,变"体制内"为"体制外",承接社区治理和服务事项,政府则由"养人"(流动人口协管员的大量配置)变为"养服务"(购买专业的社会组织服务),从而实现"瘦身"。在社区社会组织服务平台,新生代农民工即可方便地获得政策咨询、职业介绍信息、培训等就业服务、计生服务等生活服务、房屋租赁信息,以及依托各种 NGO(非政府组织)开展的心理咨询、儿童免费托管、子女课

① Brown L D. Bridging organizations and sustainable development[J]. Human Relations, 1991, 44(8):807-831.

业辅导、成人教育等公益性服务。同时,加强社区社会组织服务平台与街道流动人口综合服务和管理平台的良性互动,明确各自的服务分工,也是整合社区服务支持系统的重要内容。

三、以社区网络工作链合新生代农民工流入地社区和流出地社区

亚历山德罗·波茨(Alejandro Portes)指出,贫困社群在日常生活中经常和处于相同境况的朋友或亲人联系,因此社会联系少且网络距离短。这种社会交往往往局限于居住地区内部,从而使他们丧失了获取就业、帮助及其他信息的机会和来源。[①] 亚历山德罗·波茨的判断同样适用于当前新生代农民工所拥有的社会网络,虽然与第一代农民工相比,他们的社会网络已经有了很大的拓展,但同质交往、集中聚居、平均规模小、距离近、异质网络信息和资源交换不充分等弊端还是不同程度地存在着。由此,新生代农民工群体依赖个体在流入地社区、流出地社区及其他外部组织之间搭建广泛的链合网络是相当困难的。

因此,本研究建议介入社区网络工作链合城乡社区之间的社会关系支持网络,提升新生代农民工在城市生活的社会资本总量和规模。具体来看,需要从以下三个方面积极发展社区网络工作模式(见图9-2)。第一,针对"乡—城"迁移新生代农民工的不同需求,邀请社区内部的专业人士或者社会工作者、社区志愿者、社会组织成员,进行文化学习指导、专业技术培训与社会互动,促进新生代农民工社区融入意愿乃至综合能力的提高、社会资源的积累,以及跨社区社交网络的融入,进一步推动新生代农民工在城市社会的融合。第二,通过网络工作加强新生代农民工在流入地与流出地城乡社区之间的联系与交流。在更广泛的社区层面建立社会资本转移途径,丰富城市公共服务,推动新生代农民工社会资本广度与深度的链合。第三,发展城市与农村网络

---

① 李惠斌,杨雪冬.社会资本与社会发展[M].北京:社会科学文献出版社,2000:135.

合作工作。在农村基础教育和技能培训中加强对潜在外出新生代农民工的知识与人力资本培训，促进其社会资本的积累、转移。同时就现有新生代农民工社会资本从农村社区向城市社区的转移和再适应做好引导工作。

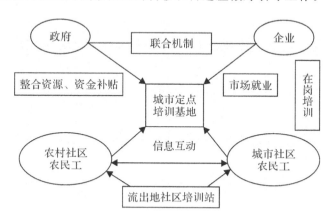

图 9-2　社区网络工作模式

第四节　运行机制

新生代农民工城市融入的社区支持系统顺利运转，需要一个科学、合理、良性的运行机制。第一，社区支持模式的运行机制要与外部环境相适应。所谓外部环境主要是指社区外在的经济、社会、文化环境。社区支持模式如果脱离了整个外部环境，与经济、社会、文化发展状况不相适应，其对新生代农民工城市融入的支持效用势必大打折扣。第二，社区支持模式的运行机制要与内部环境相适应。所谓内部环境是指新生代农民工的经济、社会、文化需求。社区支持模式是服务于新生代农民工的，如果忽视了新生代农民工这一群体的特征和需求，那么社区支持模式也就成了空中楼阁。因此，社区支持模式的运行机制必须在实现与外在环境和内在环境相适应的基础上来促进新生代农民工的城市融入。本研究认为，社区支持模式良好的运行机制主要包括以下三方面。

一、推动社区支持系统中政府机制的运行方式转型

促进新生代农民工的城市融入是政府、社会、市场、社区的共同责任,离开任何一方都会大大削弱社区支持模式功能。因此,不仅要加大政府对社区支持模式的支持力度,还要充分发挥社会、市场、社区的作用。政府、社会、市场、社区要遵循合理分工、协调运转的机制,共同促进新生代农民工城市融入社区支持模式功能的有效发挥。而政府、社会、市场、社区权责分工机制的建立首先依赖政府行政机制运行方式转型。如前所述,政府要明确自身作为"组织协同者"的定位,同时,政府也是社区公共服务的购买者和监督者。

第一,要完善政府部门之间的协力共治机制,构建新生代农民工城市融入中的政府整体性社区服务支持体系。具体从社区组织建设、社区硬件设施完善、人员配备、经费保障、建章立制等几个方面入手强化政府公共服务供给。

第二,要优化政府部门购买社区公共服务的制度建设,提高社区公共服务供给社会化水平。尤其是在新生代农民工的社区文教服务、再就业与培训服务、社区治安与环境服务方面,要提升政府购买的力度与水平。从传统的对流动人口实现以按人头拨付社区行政管理经费的方式转向制度化和规范化购买服务的方式,加大购买服务的力度和转移支付的力度,通过服务购买法规、流程和验收监督机制的完善最大限度地激发社会组织的活力。同时,高度关注新生代农民工的需求表达,大力鼓励社会组织根据他们的需求及实际状况自主提出服务项目,政府则通过购买服务的方式对项目实施提供资助,社会组织自主组织实施服务项目并接受评估。

第三,要建立绩效评估机制和严格的监督机制。在社区促进新生代农民工城市融入的效果方面要建立科学、合理的绩效评估机制,从而确立社区支持模式下一步改革路径。在社区支持模式中,政府的监督机制也是不可或缺的。尤其是在专项资金的运用和扶持政策的落实层面,政府应建立严格的监督机制,以防止陷入资金被挪用、政策被滥用等困境。

第四,要推动政府与社区组织协商民主机制的规范化、标准化建设。在政

府与社区、新生代农民工之间,就涉及治理与服务、新生代农民工主体需求的重要事项,建立制度化的、可操作的协商民主流程体系,包括协商主题、协商主体、协商内容效果评估等。尤其要发挥社区党组织、流动党员代表的领导与组织协同功能,延伸政府在基层协商的桥梁与平台,实现行政决策科学化和民主化,促进解决社区融入与城市融入中的重点难点问题。

二、推进社区支持系统中市场机制的深度发育及运用

考虑到两代农民工的群体差异和需求差别,社区应围绕经济融入、社会融入和文化融入为新生代农民工提供精准化、多元化的服务内容。本研究分析结果也进一步表明:社区提供就业服务对促进新生代农民工与本地人的社会交往是很有帮助的,社区提供住房服务对改善新生代农民工精神状况也是有帮助的。因此,在众多服务内容中,社区应该高度重视就业服务和住房服务,从而为新生代农民工的城市融入提供更好的社区支持。此外,考虑到新生代农民工消费城市化特征的凸显,也应提高社区便民服务的特色化供给能力。就业、住房和特色便民服务与一般公共服务不同,单纯由政府或社会机制供给都存在较大的成本压力,因此,应积极发挥市场机制的作用。

第一,鼓励企业"进社区",加大市场组织与社区组织的互动互联。这既有助于为新生代农民工提供高效便捷的就业信息服务,也有助于社区提供针对性的就业技能和保障服务。

第二,在社区住房政策设计上,强化市场供应与政府供应机制的结合,建立多层次的住房供应体系。在社区住房资源配置上,针对新生代农民工流动性强、就业非正式化的特征,降低建立住房公积金账户门槛,逐步将非公企业的农民工纳入保障范围,开放住房投资,实现住房投资主体的市场化、社会化和多元化。

第三,应探索社区服务支持中市场机制的发育和升级。鼓励"以服务养服务,以实业促事业"的市场化发展路径,提高社区服务支持能力,通过社区服务业证书制度和扶持政策,鼓励兴办一批具有一定规模的特色服务实体和服务

业龙头企业。通过市场或准市场的机制发展社区住房、洗染、维修、代理服务、医疗保健、现代家政服务、新型餐饮等新兴服务网点。鼓励有条件的商业服务企业在社区服务站设点。利用"互联网＋"的信息手段推进智能化服务机制和模式,从而为新生代农民工提供高效、精准、快捷、可持续的社区服务。

三、推进社区支持系统中的"三社联动"社会机制

"三社联动"机制是近年来基层社会治理与社区服务创新中形成的新型社会机制,并在浙江、江苏、重庆等不少地区得以推广和运行。"三社联动"社会机制是以社区为基础、社会组织为载体、社会工作者为支撑的联动治理模式,强调互联、互补、互动的社区服务大格局。一个和谐的社会,必定是社区、社工、社区社会组织这些基础的元素作用发挥最为突出的社会。[①] "三社"意味着发挥社区、社会组织及社工的作用,"联动"指在完善公共服务的同时释放管理空间于社会,使其成为社会自治的滋生地。同时,"三社联动"机制注重利用社会组织推动专业社会工作人才的培养,从而强化社会福利制度的体系,让"党委领导、政府负责"的民生服务及相关社会政策惠及民众。通过这一机制的优化激活和链接"社会协同、公众参与",合力实现政社合作与社会自治。最终,经由"三社联动"构建起科学有效的现代化基层社会治理结构。

在新生代农民工城市融入的社区支持系统中,社区、社会组织和社工是社会力量的主要构成部分,"三社联动"机制也是社区支持系统中重要的社会机制。针对新生代农民工聚居社区内普遍性和公共性的社区服务(如基础设施和公共问题等)由社区提供,针对新生代农民工类型化的社区服务(如青年女工与青少年社会工作、社区矫正、心理咨询等)由社会组织提供。社会组织的培育和发展需要建立在社区社会组织的成熟及社工的专业化这一基础之上。同时,借助社工"公益创投"和"项目申报"等载体在社区建立完备的新生代农民工社区融入和服务项目库,与政府购买社区社会组织服务的政策机制结合,

---

① 叶南客,陈金城.我国"三社联动"的模式选择与策略研究[J].南京社会科学,2010(12):75.

促进社区组织、跨社区社会组织及领军社工和专业化社会工作人才的共同成长，为"三社联动"注入活动。

第五节　队伍建设

社会工作者是新生代农民工城市融入社区支持的具体实践者和推动者，社会工作和社区工作人才队伍是社区支持系统运作的重要人力资本。欧美移民融入的实践显示，基于社区的社会工作在推动西方社会的人口融合中发挥了重要功能。中国新生代农民工城市融入的推进从"协管员"管理转向"社会工作师"服务，很大程度上也取决于社会工作者队伍的壮大和专业技能的提升。当前，中国社会工作者队伍的主要组成部分是社区工作者，虽然取得社会工作站资格等级证书的社区工作者比例逐年增长，但由于中西方社区发展理念及体制的差异，中国社会工作者从事的仍是以社区管理为主的行政性事务和公共服务。如何借鉴西方的经验启示，运用专业化、职业化和本土化的社工队伍助力新生代农民工城市融入事业仍是一项值得深入研究的课题。本研究认为可以从以下四方面来优化当前我国社区工作者队伍的素质。

一、推行融合型社会组织领军人才的培养与挖掘

本研究在调研的过程中发现，融合型社会组织在当地社区能发挥支持功能很大程度上得益于领军人士的能力与影响。为了进一步挖掘和开发新生代农民工中的"精英"力量和社会"公益"人才，建议推行融合型社会组织领军人才、社区领袖的发掘和培养计划，重点资助融合型社会组织管理人才及擅于人际沟通、社会引导的社区热心人士，并建立专业化的培养体系。引进西方成熟的移民城市和移民国家融合型社会组织专业人才，实行导师制、实训制、督导制进行培训和对接。地方政府、街道和社区积极对接融合型社会组织的人才培养和组织发展工作，尤其是深化工青妇等群众性团体组织对融合型社会组织专业人才培养的引导机制，注重培养的实践性、专业性和持续性，推进融合

型社会组织进入社区、服务新生代农民工并通过自身成长发挥融合功能。

二、打造学习型和本土实践型社区干部

从本研究在江苏、浙江、上海和广东的调研来看,新生代农民工聚居社区的社区干部往往面临着更明显的基层治理压力:既要应对上级政府秩序维护、平安建设的考核压力,又要及时满足不同社区居民的治理和服务需求。尤其是"人口倒挂"社区,如何推进外来人口的社区融入更是成为考量社区干部能力的难题。本研究认为,在社会流动加速时期,社区干部的选举和培育应注重社区人文精神的引导,并建构学习型和本土实践型的社区治理文化。社区干部应积极投身于挖掘适合本土社区环境的社区治理和服务方式,从而提炼和应用有效的本土支持经验。如案例所述,优家村和五塘新村的融合型社会组织建设、力邦社区和邻里社区的社区自治引领都离不开当地社区干部的创新思维和积极推动。未来混居社区的治理与服务改革更需要大量学习型和具备本土实践能力的社区干部贡献力量。

三、提升社工的专业化服务水平

需要层次理论指出,人有生理上、安全上、归属或爱、自尊的需要和自我实现需求等递进式需求。[①] 如前所述,在 30 多年的流动过程中,新生代农民工的需要层次已经不限于简单的生产和生活,他们有追求城市融入和自我实现的迫切需求。从该角度出发,这也是管控型社区管理与服务力所不及的,迫切需要社工提升专业化服务水平和服务能力。在新生代农民工聚居社区,鼓励持有社会工作者职业水平证书的社区专职工作者利用业余时间,以个案、小组、社区等多种专业服务方法为新生代农民工提供深层次、有针对性的服务项目。服务的项目既包括长期以来影响社区和谐的社会问题(如综治维稳、城市

---

① 王思斌.社会学教程[M].2 版.北京:北京大学出版社,2006:33.

管理、卫生计生等），也包括社区自治事务（如社区自治、文化教育、社区社会组织建设等）、群众反映较多的热点难点问题（如便民利民服务、助老托幼及其他社区服务）。对此，首先，应积极推广实行项目申请制，并对服务项目的开展实行组织评审、等级评定，按难易程度、社会评价、完成情况等给予资金补助。服务项目补助是对政府购买社区服务的深化，在当前社会组织发展较慢、专业性有待提高的情况下，向有资质、有能力的社工购买个案服务，有助于弥补新生代农民工城市融入专业社会支持资源的不足。其次，加快培养社会工作者运用多种工作方法的综合能力。尤其要重点鼓励专业社工牵头组建小组或团队，整合社会资源，对新生代农民工开展小组和社区社会工作。通过小组社会工作的开展，完善新生代农民工的自我认识，扩大社会支持网络，提升人力资本，从而促进其多维融合；通过社区社会工作的开展，改善新生代农民工的地区发展环境，并逐步助推社会政策的修改和完善。

四、发挥社区志愿者队伍力量

当前，职业群体是社区内的主流群体，可通过社区志愿服务方法的创新深度挖掘社区内层高次专业人才资源，如利用社区内医生、律师、教师、技工等技能型人才资源，开展周末义诊、义讲等义务服务，从而增益社区关系支持网络。配合城市文明建设、社会主义核心价值观的宣扬，借鉴西方发达国家或地区的普遍经验，建立"人人义工"制度。特别是与政府相关部门协商，首先推动政府部门负责人和公务员做社区融合的义工服务。与教育部门协商联动，引入高校、中小学教师与学生进行农民工子女及青少年群体志愿服务。与行业协会、企业等联系，推动企业界、医务界，以及各类中介服务组织等进行专业性义工服务组织建设。

参考文献

一、英文文献

[1]Bates F L，Bacon L. The community as a social system[J]. Social Forces,1972,50(3):371-379.

[2]Bogardus E S. A race-relations cycle[J]. American Journal of Sociology, 1930, 35(4):612-617.

[3]Brown L D. Bridging organizations and sustainable development[J]. Human Relations, 1991,44(8):807-831.

[4]Burchardt T，Le Grand J，Piachaud D. Degrees of exclusion: developing a dynamic, multi-dimensional measure[M]// Hills J. Understanding social policy. Oxford: Oxford University Press, 2002.

[5]Charles H W. Equilibrium and historical-structural perspectives on migration[J]. International Migration Review，1982,16(2): 302.

[6]Collins P H. The new politics of community[J]. American Sociological Review,2010,75(1):7-30.

[7]ESFP(European Structure Funds Program). Further information: social Inclusion, 2007-2013 European structure funds program, 2007 [EB/OL]. [2018-09-13]. http://www.esep.co.uk/03-info-social-inclusion.html.

[8]Etzioni A. The responsive community: a communitarian perspective[J].

Social Science Electronic Publishing,1996,61(1):1-11.

[9]Feldman R A. Power distribution,integration,and conformity in small groups[J]. American Journal of Sociology,1973,79(3):639-664.

[10]Goist P D. City and community:the urban theory of robert park[J]. American Quarterly,1971,23(1):46-53.

[11] Hao L. Private support and public assistance for immigrant families[J]. Journal of Marriage and Family,2003,65(1):36-51.

[12]Henderson P , Thomas D . Skills in neighborhood work[M]. London: Routledge, 2002

[13] Henderson P. Including the excluded: from practice to policy in European community development[M]. Bristol: Policy Press, 2005.

[14]House J S, Umberson D, Landis K R. Structures and processes of social support[J]. Annual Review of Sociology,1988,14:293-318.

[15]Jackson J A. Migration[M]. London: Longman, 1986.

[16]John C, Biplab D, Roy L, et al. Migration from rural areas: the evidence from village studies [M]. Delhi: Oxford University Press, 1976.

[17] Kossoudji S A. Immigrant worker assimilation: is it a labor market phenomenon? [J]. The Journal of Human Resources,1989,24(3):494-527.

[18]Kwong J. Educating migrant children: negotiations between the state and civil society[J]. The China Quarterly,2004,180:1073.

[19]Laurence J, Ma C, Xiang B. Native place,migration and the emergence of peasant enclaves in Beijing[J]. The China quarterly,1998(155):546-581.

[20]Liang Z. The age of migration in China [J]. Population and Development Review, 2001, 27(3) : 518.

[21]Granovetter M. Economic action and social structure:the problem of embeddedness[J]. American Journal of Sociology,1985,91(3):481-510.

[22] Mazumdar, Dipak. Rural - Urban migration in developing countries [M]// Mills E S. Handbook of regional and urban economies. Amsterdam: North-Holland, 1987.

[23]Midgley J. Ideological roots of social development strategies[J]. Social Development Issues, 1993,15(1):1-13.

[24] Monica D. Social exclusion, inequality and social work[J]. Social Policy and Administration, 1999, 33(3): 245.

[25]Park R E, Burgess E W, Mckenzie R D. The city[M]. Chicago: The University of Chicago Press,1925.

[26] Payne M. Social work change and continuity [M]. Basingstoke: Palgrave Macmillan Press, 2005:1.

[27]Portes A, Bach R. Latin journey: Cuban and Mexican immigrants in the United States[M]. Berkeley: University of California Press, 1985.

[28] Portes A, Rumbaut R G. Immigrant America: a portrait [M]. Berkeley: University of California Press, 1990.

[29]Richard M. Network migration and Mexican rural development: a case study[J]. American Journal of Agricultural Economics,1982,64(3): 444-454.

[30] Roberts K. Female labor migrants to Shanghai: temporary "floaters" or potential settlers? [J]. International Migration Review, 2002, 36(2) : 492-519.

[31]Robinson G O. Communities[J]. Virginia Law Review,1997,83(2):275-280.

[32]Rouse R. Thinking through transnationalism: notes on the cultural politics of class relations in the contemporary United States[J]. Public Culture,1995, 7(2): 353-402.

[33]Taylor M. Communities in partnership: developing a strategic voice [J]. Social Policy and Society, 2006,5(2): 269.

[34]Thomas W I, Znaniecki F. The Polish peasant in Europe and America

［M］. Boston：Badger Press,1920.

［35］Tilly C. Transplanted networks［M］//Virginia Yans-McLaughlin V. Immigration reconsidered：history, sociology, and politics. New York：Oxford University Press, 1990.

［36］Todaro M P. Internal migration in developing countries：a review of theory, evidence, methodology and research priorities［M］. Geneva：International Labour Office,1976.

［37］Tsuda T. The permanence of "temporary" migration：the "structural embeddedness" of Japanese-Brazilian immigrant workers in Japan［J］. The Journal of Asian Studies,1999,58(3)：707.

［38］Vercseg I. Community development in Central-Eastern Europe［Z］. Budapest：HACD, 2003.

［39］Wirth L. Urbanism as a way of life［J］. The American Sociological Review,1938,44(1)：1-24.

［40］Zhang L. Migration and privatization of space and power in late socialist China［J］. American Ethnologist, 2001, 28(1)：179-205.

二、中文期刊

［1］白小瑜.新生代农民工的社会资本［J］.湖北民族学院学报（哲学社会科学版），2006(1)：148.

［2］陈映芳.农民工：制度安排与身份认同［J］.社会学研究,2005(3)：119.

［3］陈占江.生命历程理论视野下的新生代农民工社会保护研究［J］.学术交流,2008(11)：193.

［4］蔡小慎,王天崇.社区治理与城市流动人口管理［J］.前沿,2005(1)：179.

［5］陈丰.流动人口社会管理与公共服务一体化研究［J］.人口与经济,2012(6)：59.

［6］邓秀华,丁少洪.新生代农民工城市融入与和谐社区建设［J］.青年探索,

2010(3):16.

[7]风笑天.农村外出打工青年的婚姻与家庭:一个值得重视的研究领域[J].人口研究,2006(1):57.

[8]符平.青年农民工的城市适应:实践社会学研究的发现[J].社会,2006(2):136.

[9]郭红.城乡统筹与农民工的城市融入[J].社会科学研究,2011(6):83.

[10]关信平,刘建娥.我国农民工社区融入的问题与政策研究[J].人口与经济,2009(3):1.

[11]何得桂,吴理财.促进农民工和谐融入城市的战略思考:基于武汉市农民工的实证分析[J].贵州大学学报(社会科学版),2007(3):15.

[12]赫莉.多元参与与城乡基层社会治理[J].甘肃社会科学,2013(6):14.

[13]胡晓红.社会记忆中的新生代农民工自我身份认同困境:以S村若干新生代农民工为例[J].中国青年研究,2008(9):42.

[14]江立华,谷玉良.居住空间类型与农民工的城市融合途径:基于空间视角的探讨[J].社会科学研究,2013(6):94.

[15]江立华.城市性与农民工的城市适应[J].社会科学研究,2003(5):92.

[16]靳润成,张俊芳,刘君德.新城市主义社区规划与设计的几大法则[J].经济地理,2004(3):299.

[17]柯元,柯华.基于社区融入视角的农民工市民化问题探析[J].农村经济,2014(8):105.

[18]刘传江,程建林.第二代农民工市民化:现状分析与进程测度[J].人口研究,2008(5):48.

[19]刘传江.新生代农民工的特点、挑战与市民化[J].人口研究,2010(2):34-39.

[20]刘祖云.社会转型时期城市社区建设的理论探讨[J].武汉大学学报(社会科学版),2001(3):376.

[21]刘祖云,孔德斌.共同体视角下的新农村社区建设[J].学习与探索,2013(8):59.

[22]李强,胡宝荣.户籍制度改革与农民工市民化的路径[J].社会学评论,2013(1):36.

[23]刘博,秦海霞.生活方式的转变与社会身份的缺失:对服务业新生代农民工城市生活的个案研究[J].青年研究,2008(12):1.

[24]李爱芹.社会资本与农民工的城市融入[J].广西社会科学,2010(6):142.

[25]李培林.流动民工的社会网络和社会地位[J].社会学研究,1996(4):42.

[26]李树苗,杨绪松,悦中山,等.农民工社会支持网络的现状及其影响因素研究[J].西安交通大学学报(社会科学版),2007(1):67.

[27]刘庆.新生代农民工的城市融入策略初探:社区工作介入的空间[J].北京青年政治学院学报,2011(1):65.

[28]刘成斌.生存理性及其更替:两代农民工进城心态的转变[J].福建论坛,2007(7):132.

[29]马流辉.底层社会、非正规经济与参与式治理:基于上海城乡结合部桥镇的考察[J].学习与实践,2015(11):112.

[30]孟小妹.新生代农民工市民化问题探讨[J].产业与科技论坛,2008(9):47-48.

[31]齐心.延续与建构:新生代农民工的社会网络[J].江苏行政学院学报,2007(3):74.

[32]钱正武.农民工的阶级属性及其向工人阶级的转化[J].科学社会主义,2006(1):29.

[33]王春光.新生代农民工城市融入进程及问题的社会学分析[J].青年探索,2010(3):5.

[34]王春光.新生代农村流动人口的社会认同与城乡融合的关系[J].社会学研究,2001(3):63.

[35]魏晨.新生代农民工的身份认同问题研究:以徐州地区为例[J].经济与社会发展,2006(12):106.

[36]王小章.从"生存"到"承认":公民权视野下的农民工问题[J].社会学研究,2009(1):121.

[37]王桂新,沈建法,刘建波.中国城市农民工市民化研究:以上海为例[J].人口与发展,2008(1):3.

[38]王兴周.新生代农民工的群体特性探析:以珠江三角洲为例[J].广西民族大学学报(哲学社会科学版),2008(4):51.

[39]王汉生,王一鸽.目标管理责任制:农村基层政权的实践逻辑[J].社会学研究,2009(2):61.

[40]文军.中国社会组织发展的角色困境及其出路[J].江苏行政学院学报,2012(1):57.

[41]熊凤水,慕良泽.农民工城市适应:层次及其转型——基于社会关系理论的分析[J].调研世界,2007(7):11.

[42]谢有长,宁陶.农民工在城市适应过程中的阻碍因素分析[J].经济与社会发展,2005(12):158.

[43]许传新."落地未生根":新生代农民工城市社会适应研究[J].南方人口,2007(4):52.

[44]许传新,许若兰.新生代农民工与城市居民社会距离实证研究[J].人口与经济,2007(5):39.

[45]谢永飞,王红艺,汪华锋.新生代农民工城市融入的社会工作介入探讨[J].兰州学刊,2013(5):142.

[46]肖云,邓睿.新生代农民工城市社区融入困境分析[J].华南农业大学学报(社会科学版),2015(1):36.

[47]杨菊华.对新生代流动人口的认识误区[J].人口研究,2010(2):44.

[48]悦中山,杜海峰,李树茁,等.农民工小团体现象的探测与分析:基于社会支持网络的研究[J].社会,2009(2):131.

[49]杨豪中,王进.混合居住模式在城中村改造中的适用性分析[J].求索,2011(1):57.

[50]叶南客,陈金城.我国"三社联动"的模式选择与策略研究[J].南京社会科学,2010(12):75.

[51]赵光勇,陈邓海.农民工社会资本与城市融入问题研究[J].当代世界与社会主义,2014(2):187.

[52]赵晔琴.先占者与局外人:社区混居与本地居民的行动选择:来自上海"元和弄"社区的实证调查[J].华东师范大学学报(哲学社会科学版),2012(3):143.

[53]张文宏.社会资本:理论争辩与经验研究[J].社会学研究,2003(4):23.

[54]张国胜.农民工市民化的城市融入机制研究[J].江西财经大学学报,2007(2):42.

[55]张珣,杨善华."共识"、"无害"、"主流"下的存在合理性:从同乡会的架构和发展看中国民间组织的生存智慧[J].广东社会科学,2011(1):215.

[56]张斐.农民工返乡创业的实证分析:基于全国十省的调查分析[J].农业经济与科技,2011(1):90.

[57]张蕾,王桂新.第二代外来人口教育及社会融合调查研究:以上海为例[J].西北人口,2008(5):59.

[58]张艺.流动人口社区化管理研究:以社会管理创新为背景[J].人民论坛,2012(2):120.

[59]周莹,周海旺.新生代农民工城市融入的影响因素分析[J].当代青年研究,2009(5):19.

[60]周澍,郑晓东,毛丹.国外社会管理的有益经验[J].浙江社会科学,2011(8):68.

[61]朱明芬.农民工家庭人口迁移模式及影响因素分析[J].中国农村经济,2009(2):67.

[62]朱力.从流动人口的精神文化生活看城市适应[J].河海大学学报(哲学社会科学版),2005(3):30.

[63]朱力,赵璐璐,邬金刚."半主动型适应"与"建构型适应":新生代农民工的城市适应模型[J].甘肃行政学院学报,2010(4):4.

[64]郑杭生,黄家亮.当前我国社会管理和社区治理的新趋势[J].甘肃社会科学,2012(6):1.

三、中文著作

[1](美)阿列克斯·英克尔斯,等.人的现代化[M].殷陆君,编译.成都:四川人民出版社,1985.

[2](美)阿列克斯·英克尔斯,戴维·H.史密斯.从传统人到现代人:六个发展中国家中的个人变化[M].顾昕,译.北京:中国人民大学出版社,1992.

[3](美)C.格鲁特尔特,T.范·贝斯特纳尔.社会资本在发展中的作用[M].黄载曦,等译.成都:西南财经大学出版社,2004.

[4](德)斐迪南·滕尼斯.共同体与社会:纯粹社会学的基本概念[M].林荣远,译.北京:北京大学出版社,2010.

[5]国家卫计委流动人口司.中国流动人口发展报告 2013[M].北京:中国人口出版社,2013.

[6]黄平.寻求生存:当代中国农村外出人口的社会学研究[M].昆明:云南人民出版社,1997.

[7]胡杰成.农民工市民化研究[M].北京:知识产权出版社,2011.

[8]胡书芝.从农民到市民:乡城移民家庭的城市融入之路[M].北京:社会科学文献出版社,2014.

[9](法)亨利·列斐伏尔.空间:社会产物与使用价值[M]// 包亚明.现代性与空间的生产.王志弘,译.上海:上海教育出版社,2003.

[10]李强.农民工与中国社会分层[M].北京:社会科学文献出版社,2004.

[11]李树茁,杜海峰,杨绪松,等.农民工的社会支持网络[M].北京:社会科学文献出版社,2008.

[12]刘建娥.中国乡—城移民的城市社会融入[M].北京:社会科学文献出版社,2011.

[13]李惠斌,杨雪冬.社会资本与社会发展[M].北京:社会科学文献出版社,2000.

[14](法)皮埃尔·布迪厄,华康德.实践与反思:反思社会学导引[M].李猛,

译. 北京：中央编译出版社，1998.

[15]单菁菁. 中国农民工市民化研究[M]. 北京：社会科学文献出版社，2012.

[16](美)苏黛瑞. 在中国城市中争取公民权 [M]. 王春光，单丽卿，译. 杭州：浙江出版联合集团，2009.

[17](美)塞缪尔·亨廷顿，琼·纳尔逊. 难以抉择：发展中国家的政治参与[M]. 汪晓寿，等译. 北京：华夏出版社，1989.

[18](德)乌尔里希·贝克，伊丽莎白·贝克-格恩斯海姆. 个体化[M]. 李荣山，范譞，张惠强，译. 北京：北京大学出版社，2011.

[19](德)韦伯. 经济行动与社会团体[M]. 康乐，简惠美，译. 桂林：广西师范大学出版社，2004.

[20]谢建社. 新生代农民工融入城镇问题研究[M]. 北京：人民出版社，2011.

[21]熊贵彬. 国家权力与社会结构视野下的农民工城市化[M]. 北京：中国社会出版社，2009.

[22]袁银传. 小农意识与中国现代化[M]. 武汉：武汉出版社，2008.

[23]张鹂. 城市里的陌生人：中国流动人口的空间、权力与社会网络的重构[M]. 袁长庚，译. 江苏：江苏人民出版社，2014.

[24]周大鸣. 渴望生存：农民工流动的人类学考察[M]. 广州：中山大学出版社，2005.

四、中文其他

[1]国家统计局. 2013 年全国农民工监测调查报告[EB/OL]. (2014-05-12)[2014-12-24]. http://news. xinhuanet. com/fortune/2014-05/12/c_1110648933. htm.

[2]国家卫计委流动人口司. 中国流动人口发展报告 2013[R]. 北京：中国人口出版社. 2013.

[3]刘心源. 24 省出台户籍制度改革方案 部分地区降低落户门槛[EB/OL]. (2015-09-23)[2015-09-29]. http:// www. china. com. cn/cppcc/2015-09/23/content_36661622. htm.

[4]江立华. 农民工转型：市民化与新型农民化[N]. 中国社会科学报，2013-03-

08(A08).

[5]民政部.2013年社会服务发展统计公报[EB/OL].(2014-06-20)[2014-10-15].
http://www.mca.gov.cn/article/zwgk/mzyw/201406/20140600654488.shtml.

[6]陶然.论"城中村"与"城郊村"集体建设用地入市[EB/OL].(2012-07-24)[2012-08-23].http://news.ifeng.com/gundong/detail_2012_07/24/16244749_0.shtml.

[7]朱筱凯.城市新生代农民工市民化问题研究:基于对杭州及周边地区的调查[D].杭州:浙江大学,2008.

农民工城市融入与社区支持状况问卷调查

　　为了解当前杭州市农民工(尤其是新生代农民工)城市融入与社区支持的现状,及时掌握制约农民工城市融入的社区因素,积极探索农民工城市融入的社区支持路径,课题组决定围绕这一研究主题进行问卷调查。问卷调查题目分为单选题与多选题两种类型,回答不涉及是非对错,请在符合自己情况的选项上打"√",或者将选中的答案代号填答在对应的位置,空格线上也请填上您认为最合适的答案。对于问卷的填答结果我们将予以保密,请放心填答,在填答过程中请尽量做到客观、准确。非常感谢您的大力支持。

　　("乡—城"移民视野下新生代农民工城市融入的社区支持研究"课题组)

A.个人基本情况

A01.您的性别：　　①男；　　②女

A02.年龄：

　　①30 岁以下；　②31～35 岁；　③36～40 岁；　④41～45 岁；

　　⑤46～50 岁；　⑥51～55 岁；　⑦56 岁及以上

　　A03.流出地：＿＿＿＿＿＿省(区、市)

A04.受教育程度：

　　①没上过学；②小学；③初中；④高中(中专)；⑤大专；⑥本科及以上

A05.婚姻状况：①未婚；　　②已婚；　　③离婚或丧偶

A06.您有孩子吗? ①有(孩子数量：＿＿＿＿个)；　②没有

A07.家庭人口数量：

  B.1 人； ②2 人； ③3 人； ④4 人； ⑤5 人及以上

B. 社区支持状况

B01.您居住的环境及条件如何？（多选题，最多可以选 3 项）

  ①房屋有管道煤气、液化气；②房屋有独立厨房；③房屋有独立卫生间；

  ④房屋有空调；⑤小区有图书室；⑥小区有健身器材；⑦小区附近有医院；

  ⑧小区附近有广场等活动场所；⑨小区附近有学校；⑩都没有

B02.您居住的社区为农民工提供哪些专门服务？（多选题，最多可以选 3 项）

  ①就业服务；②住房服务；③医疗服务；④帮扶救助；⑤运动设施；

  ⑥文体组织；⑦孩子上学；⑧其他（请注明：_____）；

  ⑨没有提供专门服务；⑩不了解

B03.您居住的社区有成立农民工组织吗？

  ①有； ②没有； ③不了解

B04.您居住的社区有成立工会吗？

  ①有； ②没有； ③不了解

B05.您参加过居住社区举行的公共活动吗？

  ①没有参加过也不想参加；②想参加没有机会；③偶尔参加；④经常参加

B06.你参加过所在社区的选举活动吗？

  ①参加过；②没有参加过

B07.您和所在社区的居民熟悉吗？

  ①很熟悉；②比较熟悉；③一般；④不太熟悉；⑤完全不熟悉

B08.您觉得所在社区的当地居民对外来务工人员的态度如何？

  ①很友好；②比较友好；③不太友好；④很不友好；⑤说不清楚

B09.您在所在社区受到过社会排斥吗？

  ①经常有；②偶尔有；③很少有；④没有感觉

B10.您对所在社区和社区居民的认同感如何？

  ①非常认同；②比较认同；③一般；④不太认同；⑤很不认同

B11.您觉得外来务工人员能够与城市居民在同一社区和谐相处吗？

　　①不可能；②以后有可能；③有可能，现在就有这个趋势

　　④已经实现和谐相处了；⑤说不清楚

C. 城市融入状况

C01.您目前的就业状态属于：

　　①常年有稳定工作；②农闲时才外出务工；③常年在外打零工；

　　④在外创业；⑤无业（失业）；⑥其他（请注明：＿＿＿＿＿）

C02.请选择您的职业：

　　①建筑工人；②流动商贩；③工厂工人；④商务服务人员；⑤家政服务人

　　员；⑥环卫工人；⑦职员、办事员；⑧管理人员；⑨其他（请注明：＿＿＿＿）

C03.请选择您所在的行业：

　　①制造业；②建筑业；③零售业；④餐饮宾馆服务业；⑤社区服务业；

　　⑥机关团体；⑦交通运输业；⑧娱乐服务业；⑨其他（请注明：＿＿＿＿＿）

C04.您的月均收入属于：

　　①2000 元及以下；　②2001～2500 元；　③2501～3000 元；

　　④3001～3500 元；　⑤3501～4000 元；　⑥4000 元以上

C05.您的月均支出属于：

　　①1000 元及以下；　②1001～1500 元；　③1501～2000 元；

　　④2001～2500 元；　⑤2500 元以上

C06.您日常支出主要集中在哪些方面？（多选题，最多可以选 3 项）

　　①日常生活开销；②房屋租金；③公共交通费；④孩子教育支出；

　　⑤医疗费用；⑥文化娱乐；⑦保险费用；⑧其他（请注明：＿＿＿＿＿）

C07.您目前居住房子的类型属于：

　　①临时工棚；②单位集体宿舍；③农民房；④小区租房；⑤亲友的房子；

　　⑥自购房；⑦廉租房；⑧旅馆；⑨其他（请注明：＿＿＿＿＿）

C08.您的住所居住人数：

　　①1 人；②2～3 人；③4～5 人；④6～10 人；⑤10 人以上

C09.您跟谁一起住？

　　①自己一个人住；②家人、亲戚；③朋友；④工友、同事；⑤合租人

C10.您在城里务工年数：

　　①不到1年；②1～3年；③4～5年；④6～10年；⑤10年以上

C11.您与杭州本地居民交往的频率如何？

　　①经常交往；②偶尔交往；③没有交往

C12.您的朋友圈中有几个是杭州本地人？

　　①0个；②1～2个；③3～5个；④6～10个；⑤10个以上

C13.您在杭州务工期间碰到过权益被侵害的事件吗？

　　①碰到过（请注明：＿＿＿＿＿＿事件）；②没有碰到过

C14.您在权益被侵害时会选择什么方式来处理？（多选题，最多可以选3项）

　　①与用工单位协商处理；②求助工会；③求助法律援助；

　　④去政府上访；⑤请求劳动仲裁；⑥求助亲友；

　　⑦向新闻媒体求助；⑧自己解决；⑨求助所在社区；

　　⑩其他（请注明：＿＿＿＿＿＿）

C15.您在杭务工期间，闲暇时与哪些人交往最多？（多选题，最多可以选3项）

　　①家人；②亲戚；③老乡；④同事；⑤朋友；⑥小区邻居；⑦同学；

　　⑧网友；⑨其他（请注明：＿＿＿＿＿＿）

C16.您平时的生活状态是：

　　①很忙，觉得很累；②空闲时做些感兴趣的事；③很空闲，觉得很无聊；

　　④普通上班族；⑤生活充实愉快；⑥其他（请注明：＿＿＿＿＿＿）

C17.您在杭州务工期间休闲娱乐的主要方式包括：（多选题，最多可以选3项）

　　①溜公园；②看电视；③喝茶聊天；④打棋牌；

　　⑤睡觉；⑥看电影；⑦上网；⑧看书看报；

　　⑨运动旅游；⑩其他（请注明：＿＿＿＿＿＿）

C18.您在杭州务工期间精神状态如何？

　　①很快乐；②很安稳；③比较平淡；④很无聊；⑤很压抑；

⑥很痛苦;⑦其他(请注明:_____)

C19.您对杭州的整体印象如何?

①很喜欢;②比较喜欢;③一般;④不太喜欢;⑤很不喜欢

C20.您想长期生活在杭州吗?

①想;②不想;③无所谓

D. 补充性问题

D01.您觉得在杭州务工、生活面临的困难有哪些?(多选题,最多可以选 3 项)

①没有杭州户口;②缺技术、找不到好工作;③受教育程度低;

④杭州生活成本高;⑤安全没有保障;⑥没有亲友帮助;

⑦医疗费用昂贵;⑧子女上学难;⑨被当地居民歧视;

⑩其他(请注明:_____)

D02.您觉得目前影响您生活品质的因素有哪些?(多选题,最多可以选 3 项)

①社会保障缺失;②没有空闲时间;③缺乏社会交往;

④生活单调;⑤收入水平低;⑥感情缺失;

⑦社区公共服务缺失;⑧其他(请注明:_____)

D03.您认为要提高您的生活品质最需要解决的问题有哪些?(多选题,最多可以选 3 项)

①解决杭州户口;②真正实现同工同酬;③解决医疗保障;

④解决孩子上学问题;⑤提供工作技能培训;⑥降低各种费用;

⑦政府提供廉租房;⑧降低城市生活成本;⑨提升社区公共服务水平;

⑩加强与当地居民的交往;⑪其他(请注明:_____)

D04.您对本次问卷调查工作有什么意见或者建议?

①_____

②_____

③_____

后　记

　　21世纪以来，新生代农民工逐步走上城镇化舞台，他们工作在城市，生活在城市，但是身份、权利、待遇问题却没有得到相应解决，他们的城市融入问题成为政府、学界广泛关注的课题。立足这个当今中国新型城镇化加速推进中被广泛关注的焦点问题，本书从"乡—城"移民视角出发，运用翔实的实证资料，深入描绘新生代农民工"乡—城"迁移的基本态势与城市融入的代际差异，并构建不同于个人支持、自组织支持、市场支持、部门支持的社区支持模式，进而得出从社区支持角度架构融入模型的现实可行性。本书展开了对现阶段社区支持模式约束条件的解析，提出一个完整的新生代农民工城市融入的社区支持模式，并且阐述了基于理论和实践分析的相关政策建议。

　　本书以本人承担的国家社会科学基金项目"乡—城"移民视野下新生代农民工城市融入的社区支持研究的成果为基础，经过进一步分析和修改而成。在国家社会科学基金项目结项时，结项形式为"研究报告"。课题结项后，本人做了更深入的资料整理和案例分析工作，尤其充实了理论研究的内容。根据新的研究进展，对研究最终成果进行了相应的修改和调整，最终形成本书。新的研究成果受到了杭州市哲学社会科学重点研究基地"中共杭州市委党校社会治理与地方政府创新研究中心"的出版资助(项目编号2019JD43)。

　　在本书的撰写过程中，中央民族大学世界民族学人类学研究中心王晴锋副教授、浙江省委党校文化与社会学教研部陈旭峰副教授为本书观点的形成和研究论证提出了宝贵的意见和建议，在此表示诚挚感谢。此外，调查与研究过程中得到了杭州市民政局基层政权与社区建设处领导的大力支持与帮助，项目调查所在社区的受访者及其所在地方政府部门的相关同志也给予了极大的支持。项目成果的发表和出版得到了各杂志编辑、浙江大学出版社的黄宝忠副社长和丁沛岚、陈思佳编辑的大力支持与帮助。在此一并对所有为本书的撰写与出版直接或间接提供过帮助的领导、同事、师友和家人表示感谢！

当然，由于新生代农民工城市融入这一课题涉及多个领域、多门学科，牵涉当前及今后国家整体发展中一系列复杂而相互牵制的问题，从这个意义上而言，本书的研究工作仍存在不足和疏漏之处，还需要在这个问题上深化研究、继续前进，请各位同行和读者批评指正。

郎晓波

2019 年 1 月